Palomos

Pedro Antonio Valdez

Palomos

Título original: Palomos
© 2008, Pedro Antonio Valdez
© De esta edición:
  2009, Grupo Santillana
  Juan Sánchez Ramírez No. 9, Gascue
  Santo Domingo, República Dominicana
  Teléfono 809-682-1382
  Fax 809-689-1022

ISBN: 978-9945-429-10-7
Registro legal: 58-347
Impreso en República Dominicana

© Ilustración de cubierta: Miguel Hiraldo

Primera edición, noviembre de 2009

Índice

Lo que te va a pasar no lo vas a ver: lo vas a sentir.

TEMPO

Intro. ¿Estamos fumando vida o estamos fumando muerte? DADDY YANKEE

La motocicleta pasa con lentitud insoportable. Nosotros la miramos inquietos desde la esquina, deseosos de que el conductor descubra la potencia de los cambios, el giro infinito del acelerador, el agarre de las ruedas cruzadas por rayos niquelados y el tronar insidioso del motor. La imaginación, que no aguarda y acelera, la pone a zumbar ante nuestros ojos y la hace desaparecer a mil kilómetros por hora, en medio de la calle que empieza a curtirse con los primeros brochazos del crepúsculo. Pero el viejo, bien afuera el maldito de la caja de huesos de nuestros cerebros, continúa aferrado con parsimonia al timón, sin importarle lo interminable que se le va volviendo la calle, como si en lugar de desplazarse en esa máquina bestial se encaminara diarreico hacia el baño, despacio, apretando los glúteos, temeroso de que si se apura se le vaya a salir la mierda.

Sin nada que hacer, permanecemos apiñados en la acera alrededor de un poste, posando para una foto horrorosa que nadie se anima a tirar. Hace calor, hace un viento perezoso que apenas tiene energía para zarandear el polvo de la calle, hace un aburrimiento del diablo. Los grafitis que pintarrajean las paredes, con sus mensajes en pintura negra y sus dibujos monocromáticos elementales, hastían de tanto haberlos releído. Nadie abre la boca. Implícitamente estamos a la espera de que Lacacho introduzca la conversación a seguir. No tiene mucho caso adelantarse con un comentario que luego podría ser desestimado. Pero Lacacho no está en eso. La mirada se le ha fugado desde hace rato y ahora le quedan los ojos vacíos, inexpresivos, con el pensamiento en rígor mortis. Lacacho es el rey del barrio. Nuestra batuta y constitución. Aquí nadie mueve un dedo en contra suya. Nadie entre los muchachos de nuestra edad, quiero decir. Aunque hay muchos adultos que evitan meterse con él, por si las moscas. A diferencia de casi todo el grupo, Lacacho puede partirle la cabeza de una pedrada a cualquiera y no hay ni una madre ni un padre que buscar para acusarle. Él mismo se definió un día como «el mal en libertad total».

Le conocí en una situación no muy ventajosa. Una tarde, en los días en que nos mudamos a este barrio, estaba yo en la galería bebiéndome las últimas páginas del *Quijote*. Lacacho, que había pasado por el frente, retrocedió, se detuvo ante mí. Metió incrédulo los ojos en el libro, me observó como a un ovni, hizo un gesto de desagrado y continuó la marcha.

Dos o tres días después me lo encontré en el colmado, acompañado de los muchachos. «¿Era eso un libro?», me preguntó, mejor dicho, me amenazó.

«Me obligaban a leerlo», mentí, «pero ya no lo volverán a hacer. Le pegué candela».

Esta respuesta me dio la membresía automática al grupo.

Hemos quedado apiñados en la acera. Estúpidamente, como para la coreografía de un videoclip, volteamos los rostros hacia el final de la calle, a ver si ha desaparecido la motocicleta. Todavía nos toca el celaje interminable, a la velocidad de un suero de miel de abeja, de la rueda trasera que empieza a perderse por el ángulo de la esquina. Suspiramos desangelados.

«Es el casco protector», explica el Aborto, y, mordiendo una guayaba, intenta aclarar: «El casco protector quita visibilidad; eso impide acelerar». Todos nos quedamos callados. «¡El coño de tu maldita madre! Lo defiendes porque es tu papá», descarta Lacacho, presionándole una mejilla con su puño derecho. Tiene una letra tatuada debajo de cada nudillo, formando la palabra «*HATE*». «No acelera porque se caga de miedo. A ese pendejo le falta bujía», casi le escupe en la cara.

Lacacho tiene razón. Y el Aborto es un baboso. Nunca entiende de lo que habla. Debió ser mudo. O no abrir su apestosa boca, salpicada de dientes podridos y torcidos. Le faltan tres o cuatro. Nos reímos, le bufeamos por sus estúpidas palabras.

«Un día le voy a robar el motor ese», amenaza Lacacho, buscando al otro con mirada desafiante. «Y le voy a pasar por el frente de la casa acelerando como un loco, ¡brum, brum, bruuum!, levantando la rueda de alante para enseñarle cómo se maneja esa vaina. Después, ¡tschisss!, le voy a tirar un fósforo, para que aprenda».

El Aborto se dibuja una sonrisa en los labios. La dibuja mal. Le falta fuerza en los pómulos para halar las comisuras. Por eso como que le tiembla. Más fácil se le haría hacer con la boca una 'u' al revés. ¡Quién de nosotros no lo conoce! Con un par de cosillas más se pondría a llorar. Es un mamita.

Se llama Américo, por asuntos de acta de nacimiento. Pero lo bautizamos «el Aborto», porque eso es lo que parece. Además, Américo es un nombre estúpido; tú sabes, como si a alguien le pusieran Europo. Lacacho le llama «Citoté», nunca he averiguado por qué. La gente debería llevar el nombre de lo que parece. Lacacho lo conoce más mejor. Siempre he notado que sabe conocer a la gente. Se las sabe todas. Eso es lo que más me atrae de él. Y que, por lo mismo, no se deja coger de pendejo por nadie. Se puede apostar a este tipo.

Hay un forcejeo en el punto de crack de la otra esquina. El punto lo controla un fantoche que al hablar mueve la boca como si escupiera el mordisco de una fruta de cera, a lo Tony Montana. Lo vemos agarrar por el cuello a un tecato y darle un empujón. El tecato, arrastrando los pasos, se aleja asustado. Pasa por nuestro lado con la mirada muerta. «¡Ve a pedirle fiado al diablo, maldita rata!», le grita el fantoche. «¡Si vuelves aquí con los bolsillos vacíos, te exploto los sesos!». Pero no creo que el tecato lo haya oído. Arrastra un tufo de infinitos trasnoches y el *feeling* de quien busca la forma de venderle el alma al diablo.

Un carro pasa. Lo miramos con la boca abierta, literalmente. Brilla como si hubiera recién salido de una fábrica de aceite. Y eso que casi no queda sol.

¡Eso sí es una máquina, loco! Jaguar, azul, ligero, un relámpago. Los vidrios tintados no dejan ver hacia adentro. Pero eso no dificulta imaginar al tíguere ante el volante: negro, dientes de oro, una mano forrada de anillos sobre la palanca de los cambios, un collar de oro blanco anclado en el pecho; la Glock nuevecita enganchada a la cintura, con su cañón que conecta derecho el gatillo con el corazón del enemigo... y ¡bang!, ¡bang! Al lado va la mujer rubia, con una minifalda que de tan corta parece más bien un cinturón. Aire acondicionado *full*.

Lo mejor, lo tangible aparte el brillo de la carrocería, es la música. 50 Cent: «♫ *You can find me in the club, bottle full of bub. Look, mami, I got the X if you into taking drugs...*». El Menor se aloca y se pone a bailar. Le da para alante y para atrás al culo, cimbreando la cintura. Lacacho le desaprueba el paso. «Eso no es para perrear, palomo. Es *hip hop*. Además, así perrean las mujeres».

El Menor se corrige y toma el paso del *shake*. Aunque no opino, tengo la impresión de que así está mejor, de que con ese aceite deberá bailar, aunque metiéndole más al *breakdance*, cuando lancemos por la puerta grande el grupo de rap. Armoniza los brazos y los pies como un muñeco de goma. Lacacho lo mira con indulgencia, como quien dice «más o menos».

De pronto el Jaguar acelera. La máquina llena de rumor el barrio. Levanta más polvo. Desaparece como un bólido camino a la autopista.

El Menor se detiene fastidiado. «La otra noche le vi una teta a la universitaria», comenta Pádrax en Polvo, refiriéndose a la hermana del Aborto. La noticia obliga por primera vez a MacGylver a levantar los ojos del Game Boy. «¿Cómo es?», deja caer el Licenciado. «¡Mentiroso!», reacciona el Aborto. «¿Es verdad que tiene un colmillo tatuado en la rabadilla?», quiere indagar el Chupi-Chupi. Sé que es un mentiroso; Pádrax en Polvo también lo es, pero igual sus intervenciones ayudan a tripear. «Sí, tiene un colmillo y una vela», afirma el Menor.

Lacacho guarda silencio. Se acaba de apoyar en el poste del alumbrado, con los brazos cruzados. Parece lejos y cerca a la vez. Nos mira hablar. «¡No, ombe, no; nada de tatuaje!», niega Pádrax en Polvo. «Yo la vi. Lo que tiene es un pezón más grande que una tetera. Y prietecito».

«¡Co... corta, hijo de... de... de la gran puta! ¡Corta!», reclama el Aborto, imitando unas tijeras con los dedos. Está tartamudeando. La cosa va a ponerse buena. Cuando tartamudea es porque le está haciendo efecto la cuerda. Nos falta un chin para ponerlo medio loco. Se goza un mundo con el Aborto cuando uno ha logrado atraparlo en la provocación. A esta hora en que se malogra la tarde y queda poco por hacer, no hay nada como fastidiarlo. Así logra uno embullarse más o menos en lo que nos llaman para la cena.

«¿Y eso a quién le importa?», intercedo; tú sabes, falsa solidaridad para echar más leña al fuego. «Si la universitaria tiene los pezones de tetera, eso es cosa de ella. ¿No son verdad, Aborto?».

Y él, con esa estupidez que siempre le impide entender claramente, asiente, aunque debo decir a su favor que sin mucho convencimiento.

«¡Chot!, ¡chot!, ¡chot!», hace sonar la lengua el Menor, simulando que mama una teta. «¡Acht! ¡Qué pezón ni pezón! ¡Tumba eso!», desaprueba Lacacho. «Si vieran lo que tiene la mamá entre las patas...».

De inmediato ponemos una lupa a la atención, en espera de detalles. «¡Ah!, ¿tú ves? Eso está mejor», abdica Pádrax en Polvo. Se restriega las manos y se aparta para dar paso al comentario de Lacacho. «¿La brechaste mientras se bañaba?», interroga el Licenciado. El Aborto tiene los ojos aguados. Le noto el esfuerzo de aspirar las lágrimas con las pupilas. A veces es más fácil atajar un toro que una lágrima.

Lacacho guarda un instante de silencio. Sigue apoyado al poste, los brazos cruzados. «Yo no tuve que brecharla, no», aclara con dignidad, mirándose las uñas de una mano, con cara de yonofuí, «ella me lo enseñó solita, sin yo decirle».

Se oye la respiración aparatosa del Aborto, sus bufidos. La vaina va bien.

«Parece que le gusto», continúa despreocupado, «por eso hace dos o tres días, cuando cruzaba por el patio de su casa, ella me hizo un siseo, ¡shi!, ¡shi!, y cuando me acerqué a la ventana, se levantó la falda y me lo enseñó».

«¡No son verdad!», susurra temeroso el Aborto. «¡Qué sabes tú, palomo, maldito Citoté!», lo desautoriza Lacacho. «Ella estaba sola en el aposento. Tú y tus hermanas andaban en el motor, dando dizque una vuelta a cero milla... Tu mamá tiene un bollo de pelos en el toto».

«¡Aaay!», exclama MacGylver, sin despegar los ojos del Game Boy, solo con la intención de avivar la candela.

El Aborto ocupa el centro de nuestra atención. Se ve loquísimo. La rabia se lo está comiendo vivo. La conmoción le paraliza los músculos. Claro está, se cae de la mata, su interés inmediato es brincarle encima a aquel tíguere que acaba de enlodar la intimidad de su madre.

Pero el que es mínimamente sensato temprano en la vida descubre la diferencia entre los intereses y las conveniencias. Y la conveniencia en este caso dicta que nada ganaría al intentar meterle el puño a Lacacho, un tíguere guapo, conocedor de pleitos, intocable, que incluso tiene guardado un revólver. Peor, su intento fallido volvería materialmente difícil su situación, ya moralmente pulverizada. En este pleito, el que no es perdedor tiene que apostar a Lacacho.

Lo único que le queda, yo conozco al tipo, es ponerse a llorar. Pero por una cuestión elemental de no otorgar más derrotas, el amor propio le impide premiarnos en ese momento con el espectáculo de su llanto. Por eso albergamos la esperanza de que Lacacho haga algo más, que no falta mucho, para convertirlo en la Magdalena de Mel Gibson. Se goza más que el diablo con los jipidos, los mocos y las lágrimas sin control del Aborto. Ustedes no se imaginan.

Sin embargo, ¡pum!, justo en el instante en que corresponde plantarnos a esperar la estocada final, se nos interpone una voz maternal, imperativa. «¡Américo! ¡Américo!», grita desde algún lugar que no podemos localizar. «¡Voy, mamá!», responde con un grito apagado el Aborto. Aprieta los puños, pero se sabe que sin ninguna intención. Es casi un tic nervioso. Con el rostro bajo ante Lacacho amenaza: «Se lo voy a decir a papá».

«¡Díselo, maldito Citoté, buen mamagüebo!», desafía el otro, «y dile también que le robo el motor y le pego candela. Nomás va a encontrar el chicharrón».

«¡Américo, ven a cenar, que son las seis de la tarde!». El Aborto se aparta dando zancadas. «¡Te voy a echar a Naruto, para que te derrote con un jutsu prohibido!», le grita mientras huye hacia el mejor lugar posible: una mesa servida para la cena. En ese momento, puede decirse que por acomodo de la imaginación o por instinto, llega a mi nariz el olor inconfundible de las cebollas fritas que prepara mi mamá. Mi estómago ansía desabollarse con ese manjar. Es hora de cenar.

«De aquí no se mueve nadie hasta que yo no rompa la taza», dispone Lacacho, apartado del poste. Es para joder esta ordenanza. Se sabe que atardece, y con las sombras debemos esfumarnos de la esquina. Bajo la sombrilla de la noche la esquina es ocupada por otros inquilinos. Muchachos adultos que beben cerveza y hablan de mujeres; que se aseguran con cuchillos, manoplas, «chilenas», puñales, pistolas, «chagones»; que se apartan a consumir un arroz con coco o una simple piedra de crack. Se sabe que casi ahora, en la oscuridad, la esquina se vuelve grande; pero de todos modos no se puede quebrar la ordenanza.

«¡Antonio! ¡Antonio!», escucho la voz de mamá. Miro un poco de reojo, aunque no alcanzo a captar la expresión de Lacacho. Pero es suficiente con imaginar que su semblante no aprueba mi retirada. Los gritos me siguen llamando. ¡Maldita vaina! Tengo que hacerme el sordo.

1. No hagas alianza con el dolor. VICO C

«Somos los Fox Billy Games». Papi y mami han curioseado en mi libreta de canciones y se han encontrado con ese nombre en la portada. Sonríen con indulgencia. Dicen que está bien, aunque lamentan que las páginas estén vacías. «Oh, sí; nos hubiera gustado leer las canciones», dicen ambos, compartiendo las palabras de la frase, mientras cierran la libreta y se marchan de mi cuarto tomados de la mano.

Luego noto que se ríen sin hablar en la cocina; cuando me ven cierran la boca con dificultad, como si en lugar de llena de risa la tuvieran rebosada de comida. Y así durante varios días.

Voy al cuarto de mi hermana, que se explota las espinillas ante un espejo en el que apenas le cabe un pedazo de la cara. Un espejito rosado, de la Barbie. La odio, con ese hocico de puerco que le acentúa el mal genio.

«¿De qué se ríen, los viejos?». Levanta los ojos con desaprobación. «¿Quiénes dijiste?», cuestiona con tono desabrido. «Papá y mamá», corrijo. Retorna a lo suyo. *Espejito, espejito, ¿cuál es la puerca más fea de esta pocilga?... ¡Tú!*, tengo ánimos de decirle. Pero me conviene reiterarle la pregunta anterior.

Se chupa los labios al responderme que mis viejos se ríen porque el nombre le suena a música vieja, a algo así como Bee Gees o The Village People. «Mamá dice que le encantaría verte vestido de piel roja bailando ante una muchedumbre». No me hace gracia. La maldita perra se me queda mirando por un buen rato, imagino que poniéndome un chaleco y dos clinejas en su imaginación; luego deja filtrar las notas de una risita por las comisuras. «¡Mamá!», grita desaforadamente cuando le quito el espejo de entre las piernas e intento hacérselo comer. ¡Que abra la boca! ¡Que abra el hocico! El *fucking* espejo no es tan grande, su boca es lo suficiente ancha para tragarlo y poder rompérselo a patadas en la barriga, que se le navajeen las tripas con los vidrios rotos.

Papi y mami me detienen. Me relegan al cuarto. En celda solitaria. Es un castigo estúpido, pues tengo acceso a la red: encerrarte con una computadora *online* es como encerrarte en el universo. Son horas de Google, Youtube, Rapdominicano, Messenger, IE. Al rato me liberan.

Susurro un desgarramiento de Mexicano: «♫ Tengo un problema en mi mente criminal, acabo de salir y me la quiero yo buscar...», o acaso tengo los labios apretados y es que se me sale de la cabeza de pensarla en alto volumen. Me anulo los ojos: entro a la Mansión Foster para Amigos Imaginarios y allí está mi hermana con la cara sucia, lombrices de tierra agujereándole las mejillas; busca desesperada el espejito bajo un mar de lodo, se corta los dedos con tijeras oxidadas. Un chorro de sangre. Cierro de un portazo: que se joda.

La Mansión Foster para Amigos Imaginarios es un robo que hice a Cartoon Network. Tú sabes, era la casa de Blue, la cosa que parece un condón azul. Se la robé a Blue porque yo la necesitaba más, pues mi mundo está más lleno de gente rara. La casa es un manicomio de fantasía donde los encierro a todos.

Los viejos tratan de saber por qué actué de esa manera. «¿Por qué le halaste los cabellos a la niña?». O sea, cuestionan el obrar de la justicia. Respondo cualquier cosa. Están preocupados. Condicionan mi liberación por un tiempo. Pero es inútil: estoy libre, nada divide la libertad total. Los presos son ellos. Tienen miedo. Somos los Fox Billy Games, contra quien sea. «♫ He sido así toda mi vida: yo contra todos», rapeo, para levantar los ánimos, la canción de Tempo. Los artistas no necesitan a nadie. Al contrario, un apoyo tempranero fácilmente puede echar a perder el prestigio de incomprendidos que debe prevalecer al inicio de la carrera artística. Hacen lo correcto los viejos y la descerebrada de mi hermana al darme la espalda al inicio. Lo mismo le pasó al Maestro. Que sigan ahí. Ya tendrán tiempo para darse cuenta de su error, cuando los faroles brillen para mí, los billetes chorreen por la magia de mis manos, diez dedos en los que no quepa un anillo más, y la estúpida Hocico de Puerco se quede babeando al ver mi collar de oro blanco y diamantes, de ciento setenta y cinco mil dólares, *one hundred seventy five thousand bucks*, guindando de mi pecho, blimblín.

MC Yo, que es como me llamará la fama, pasará indolente delante de ellos entre el corillo, si te he visto no me acuerdo, y si de algo me acuerdo es de que no te he visto, en una Hummer cuyo velocímetro empieza en 100 kph, para recordarles que este presente no vale para ellos, que regresen a su pasado, a reírse ante espejitos rosados, puta anoréxica Barbie, o escondidos tras el costillar de la nevera. Una composición triangular: el viejo a la derecha, la Hocico de Puerco a la izquierda, ambos bajo las alas de la vieja. Y yo, con la funda de dólares, cantando desentendido a dúo con Eminem: «♪ *I'm sorry, mama, I never meant to hurt you, I never meant to make you cry, but tonight I'm cleaning out my closet».* Ni se atreven a pelar los dientes cuando se ríen. «♪ Así es la vida de un artista en la conquista», advierte el Maestro, «la hipocresía la percibes hasta de muy lejanas pistas». *Oh, yeah,* súbeme el volumen: «♪ Varios pendejos que hablan de frente a mis espaldas y de frente me maman el güebo». Y Toxic Crow: «♪ Yo te saqué del sistema, con el *mic* soy un problema y en el rap hay que mamarme lo que aquí le llaman ñema». Nadie tiene poder contra el destino. Nadie se debe reír en la Biblia. La risa es un pecado, ya lo verán. Porque hay familia que es mejor no tenerla. «Míralo ahí, lo que siempre digo», confirma Lacacho, «hay familia que es mejor ni tenerla». Le acabo de contar el biberón con los viejos, en lo que el ñato termina de piropear a la haitiana-culo-de-pato que pasa frente a la ferretería y el negocio se desocupa un poco. Lacacho entiende perfectamente la situación. Está de acuerdo en que cuando el éxito de los Fox Billy Games les estalle en la cara, se van a lamentar por no poder tocar su parte de pastel.

Me observa con los ojos como puestos al revés durante un rato interminable. «Si quieres que te dejen de joder, amenázalos con pegarle fuego a la casa con ellos adentro». Medio me río. Él no. Está claro que habla en serio. Carraspeo en busca de una voz fuerte. «¿Eso le dijiste a tus viejos para que dejaran de meterse contigo?», pregunto. Pone cara de yonofuí. «Yo no dije nada. Le pegué fuego y ya». Tengo entendido que ese incendio fue de otra manera. Pero no hago preguntas.

El ñato se nos acerca peinándose con los dedos. «Nígame», inquiere. Yo, con los billetes humedecidos por el sudor de la palma de la mano, le digo que quiero media botella de cemento de contacto. Mi socio se ha apartado de mi lado para fingir que no andamos juntos. El ñato, dudoso, me tira un ojo al cuerpo entero. Su mirada es rústica, construida con mucho papel de lija. Algo le indica que soy de fiar. Supongo que imagina en mí a un miserable aprendiz de zapatería. Desaparece tras el armatoste del mostrador y reaparece botella en mano. «Edia 'otella 'e jemento Petronio», confirma golpeando el vidrio con la madera. «Etenta pejo», dice. Le pago los setenta pesos y me retiro.

Veo que mi socio espera en la salida de la ferretería. No bien me le acerco, me pasa la mano para que le entregue la botella. Hecho. Me avergüenza sentirme orgulloso de una misión tan simple. Hago lo posible por desterrar de mi rostro esa amenaza de sonrisa que podría ponerme en ridículo.

Avanzamos unas cuadras hasta una casa en construcción. Tan pronto nos detenemos frente a la galería de bloques grises y piso minado de emplastos de mierda, sale a nuestro encuentro una pandilla de muchachos sin camisa. Son flacos, de piel sucia, desgreñados, con un hedor a puro diablo. Los más pequeños no deben rebasar los seis años de edad. A leguas se nota que son la pandilla de Los Güelecemento. Vistos de cerca, tan malcomidos, no deja de preguntarse uno cómo es que estos palomos se han dado tan ácidos. Actuando como pirañas, son capaces de robarse todos los adornos de un vehículo en cuestión de segundos.

«Pásame la vaina», ordena el jefe, con voz vaporosa. Sus compinches sacan fundas de plástico, con una ansiedad que les vibra en las manos. Lacacho se guarda la botella en la espalda. «Veinte pesos más», exige despreocupado. El otro lo mira sorprendido, con los ojos llenos de relámpagos rojos, no sabe uno si rotos por la ira o por el vapor del cemento. Hace una rabiaca. «¡Me cago en la ñema! Ello te dimo cien baro para el cemento. ¡Tumba eso! Ello ya no hay efectivo», explica molesto. «Pero mi lugarteniente tuvo que pagar veinte pesos más para que el contacto le entregara la mercancía», miente Lacacho mirándome de reojo. Yo confirmo sus palabras. «Yo poique a nosotro no no lo venden», gruñe amenazante el otro. Escupe a un lado y se exprime de los bolsillos una papeleta de veinte pesos; un billete con la cara del prócer gastada, borrosa, al punto que se parece más a la del pandillero. Lacacho le entrega la mercancía.

El tipo, ávidamente, escurre una porción de cemento en la funda plástica y pasa la botella al resto de la pandilla. Sin importarle que se encuentra en plena acera, se tapa nariz y boca con la funda e inhala, primero con fuerza, luego lentamente. Enseguida se le nota menos intranquilo, aunque con los ojos más rojos. El vapor del cemento lo va sacando rápidamente de juego y el carajo se va desinflando con cada aspiración, como desmondongándose. Cuando parece a punto de esfumarse en los vapores, hace un guiño y, pelando la dentadura para expulsar una especie de risa socarrona, alcanza a resollar, señalándome con un dedo flotante: «Dile no a las drogas».

Cuando vamos de retirada, el más chico del grupo sisea y señala a Lacacho: «A ti te voy a matai yo mimito, maidito desacatao», amenaza, para de inmediato refugiarse en la funda que le acaban de pasar.

ami hablan en su aposento. Están bregano. Me pego sigiloso a la puerta, aplicando desarrollé desde que aprendí a caminar. La idea es que la respiración de uno no se oiga; si no se oye eso, no se oirá nada más.

«Me tiene harto ese muchacho», dice papi. «Hay que esforzarse en buscarle la vuelta», opina mami. «Ahí no hay vuelta que valga. ¿Te has dado cuenta de la música que oye? Eso es lo que lo tiene dañado». «No es la música. Es la edad. Y no está dañado», advierte ella. «Ese maldito reguetón. ¿Y ya viste la ropa que se pone? Tú eres su mamá; tienes que vestirlo como corresponde a un muchacho de su edad», señala él. «Los de su edad se visten así». «Sabes bien a qué me refiero. Y esa música, que lo está dañando...».

Hay un suspiro de fastidio. «Si la gente actuara según la música que oye, todos los políticos y los policías fueran patriotas incorruptibles, porque solamente escuchan el Himno Nacional», replica mamá. Se oye su risa menuda. Luego un silencio. Parece que el viejo ha dicho algo con el volumen bajo, que no he oído, pues mami le está haciendo un reparo. «¿Ya se te olvidó cómo eras cuando te conocí? Vestido a lo John Travolta y con el pelo planchado con una capa de vaselina. También te dabas tu tabaco...». «Pero aquellos eran otros tiempos», determina papi categórico.

«Es lo mismo: estos son otros tiempos también». El viejo no le responde. *Nocaut.* Pero de pronto mami flaquea y empieza a hablarle con suavidad. El viejo aprovecha su debilidad y logra salirse con la suya: deciden que de todos modos habrá que hacer algo. Tras el pacto, bajan los niveles de la discusión.

«¿Sabes cómo me contó la niña que tu hijo se refiere a nosotros? Nos llama los viejos». «¿Viejos?», pregunta mami divertida. «Así como oyes. ¿Sabes lo que es llamarle viejo a un hombre de cuarenta años? ¡Yo no soy ningún viejo!». «Bueno... eso tendrías que probarlo...».

Decido apartarme rápido de la puerta. La experiencia me indica que a partir de este punto no obtendré ninguna información útil, sino largos silencios quebrados por las risitas de mami.

Vuelvo a mi habitación. Me coloco los audífonos y disparo el volumen. «♫ En la calle no hay dueño, los niños están en loquera. Van a la escuela con los tabacos en la lonchera. Tengo un pana mío que lo hace con cualquiera. Tiene amolá su planchuela de nevera. Muerto por «chilena», una cotidiana escena. Problema desayunan, problema dan de cena», rapeo con El Lápiz en la Charles Family, y de inmediato me separo de la lírica, pues como un flechazo luminoso ha entrado a mi mente un detalle de esta mañana. Mientras discutía con el jefe de Los Güelecemento, Lacacho se refirió a mí como su lugarteniente. Lu-gar-te-nien-te... Suena bien. Suena a poder. Me siento *cool* por primera vez en el día. Lu-gar-te-nien-te... La vida es una escalera y yo la he empezado a escalar.

2. Yo nunca dije que soy un modelo a seguir
EDDIE DEE

El sol se nos derrite encima. Es una moneda de oro metida con tenazas en el fuego. El patio del colegio, con su capa de cemento gris, arde como el desierto bajo nuestros pies. Candela arriba, candela abajo: somos carne de un maldito asador, estudiantes a la parrilla salpicados por gotas de sal. El silbato del profesor de Deportes nos serrucha los oídos. Marchamos al mismo compás, ¡un, dos!, ¡un, dos!, armando una coreografía monótona. Los cabrones que nos azuzan con golpes de tambor y platillo se benefician de la sombra de un alero. Nos tienen enlatados en dos filas: la de los varones y la de las hembras, escrupulosamente separadas.

Los muros que rodean el patio, blancos, pintados de mausoleo, multiplican la resolana. Si al menos contaran con el contraste de unos grafitis negros, servirían menos de espejo para el resplandor. El Writer podría venir una noche y pintarrajear: «A la profe de Matemáticas hay que enseñarle el 4 y el 69» o «Cristo vive, pero la profe de Religión no lo sabe». También cabría un dibujo gigante de la Directora mamándole el güebo al profesor de Deportes.

Un puñado de alumnas rompe fila y se exilia bajo una acacia. Llevan los brazos soldados en X contra el pecho y el labio inferior erecto. Voltean la cara hacia otro lado cuando el profesor, entre cortos silbatazos, les exige retornar a la formación. Como las chicas le hacen menos caso que a un perro, otras muchachas se rebelan y se apiñan bajo la sombra vegetal. Los varones empiezan a hacer lo mismo, y ahora se arma un griterío tan fuerte que sepulta el chirrido del silbato. Solo dos estudiantes nos hemos quedado inmóviles, constituyendo las ruinas de la fila. El profe termina de desinflarse en el silbato. Sin aire, morado de la rabia, con la bemba exangüe, da unos saltitos que disparan la risa de la concurrencia. Impotente, mordiendo las palabrotas para que no se oigan, levanta los brazos y avanza hacia la boca de un pasillo, rumbo a la Dirección. Es un negro bajito, cuadrado, rollizo; compruebo —según he escuchado a papi decir en la privacidad del aposento— que posee el cuerpo de un atleta que nunca dio la talla. «En la escuela donde da clases por la mañana ya le hubiera halado los pelos a dos o tres; pero aquí no se atreve», me susurra el estudiante que me acompaña en los restos de la fila.

El profesor regresa escoltando a la Directora. Trae una mueca de triunfo y se ve de lo más lambiscón. A su espalda, sin que se dé cuenta, sucede algo que da a la escena un carácter cómico. La Directora, al pisar el patio, ha visto cómo el sol le ha tirado su red en los ojos, y ella, construyendo una visera con la mano, se ha devuelto; el negro no se da cuenta sino hasta que llega a mitad del patio y voltea el rostro, sorprendido. Estalla la risa en medio de una gritería, pero pronto la mujer regresa a la sombra móvil de un paraguas negro, y el profe se pinta una sonrisa de rehén de película cuando intenta ganarse la confianza del secuestrador.

Ordena rehacer la fila. Refunfuñando, los estudiantes abandonan el oasis de los árboles y se ponen a la disposición del sol, desanimados; parecen huestes derrotadas. Los varones se reintegran primero, en grupo; las mujeres de último, una a una, imponiendo una mirada de protesta. Restablecidas las dos filas, la Directora se acomoda bajo el paraguas. Así produce la incómoda sensación de ser una seta prieta y anómala. Se prepara para uno de sus discursos. Habla algo sobre la superioridad de la disciplina, pero no logro escucharla con claridad, pues el sol molesta en exceso.

Ella le da a la lengua en abundancia, engolando la voz; parece que desde el jodido fondo de su sentido común, nada le señala que el lugar no es apropiado para largos discursos. Además, le mete a la azarosa garganta un volumen como si se dirigiera a una muchedumbre. Repite a cada línea «la Patria», y no sé cómo se las ingenia para pronunciarla de tal manera que no puede imaginarla uno sino en mayúscula. «Apuesten a estos valores, que son los míos, para que no fracasen en la vida», subraya, bajando la presión.

Una de las chicas levanta la mano. La vieja detiene el discurso, mete bajo el paraguas un pedazo del hombro que empezaba a achicharrarse. «Diga, Número 17, Séptimo B», dispone. La muchacha pregunta por qué no se escoge una hora menos caliente para practicar la marcha patriótica. «La Patria siempre exige esa clase de sacrificios, Número 17», responde la vieja con un corte de navaja. «Sí», enlaza la estudiante, «pero tengo entendido que los patriotas hacían lo suyo bajo la sombra, no en el tetero del sol. Aquí lo que vamos a hacer es coger una insolación».

Silencio de desierto. Pero sabemos que hay una risa callada capaz de hacer estallar el universo interior. La vieja olfatea esa risa, sin duda delatada por labios apretados. El rostro se le pone rojo como tomate, al extremo de que su frente se ve más colorida que los círculos de colorete que le coronan los cachetes. Está a punto de estallar. Señala al estudiante que está detrás de mí. «Diga, Número 15, Octavo A». «Señorita Directora», encadena el que está a mi espalda, y me doy cuenta de que es el mismo que me susurró el comentario hace unos momentos, «señorita Directora, en vista de que para esta marcha patriótica se nos pone a machos y hembras en filas separadas, ¿puede decirse que los próceres eran alérgicos a las mujeres?».

La risa no la para nadie. Se expande en un ventarrón que hace culebrear las filas. Se ríen hasta los músicos que se guarecen bajo el alero. Solo se quedan serios la vieja bruja y el profesor de Deportes. Bueno, yo tampoco me río; me conservo firme, sin muchachadas, como un hombre; siento que mi rostro debe parecerse al de papá. Tres muy serios y el resto con más risa que una lata de salchichas Jajá.

La Directora exige silencio con un grito que se oye fuera del planeta. Todos callan de golpe, en realidad sorprendidos por el prodigio. La vieja cierra el paraguas y lo levanta patrióticamente. Pronto se arrepiente del gesto y lo vuelve a abrir, para abrigarse en la sombra. Tras arrollarnos con dos mil páginas de un discurso patriótico citado de memoria, se abre paso por el medio de las filas, a la manera de un capataz.

Al cruzar por mi lado me lanza una sonrisa cómplice a medio talle, recortada de una careta de carnaval. «La Número 17 y el Número 15, me acompañan a la Dirección ahora mismo. Todos los demás sigan marchando», sentencia y, de regreso, posa con cariño su carroñosa mano en mi pelo sudado. «El único que se mantuvo sin romper la fila tiene un 100 en el trabajo de Moral y Cívica. Profesor, continúe con su labor, que la Patria sabrá premiarle».

El profe espera ceremonioso a que su superiora abandone el patio, seguida por los dos estudiantes citados; no opina nada, aunque no esconde su expresión de triunfo al cabecear a 90°, como gallina picando maíz, mientras dice con venenosa contrición: «¿Ustedes ven, mis hijos?».

Cuando el pasillo se traga a la misión comandada por la Directora, el negro da un silbatazo, los cabrones del alero echan a andar sus instrumentos, el sol aviva sus brasas y las filas entran en *fucking* acción. ¡Un, dos! ¡Un, dos! ¡Un, dos! «¡Viva la Patria, coñazo!», pienso al vislumbrar a lo lejos un letrero de grandes letras rojas, azules y blancas que se evaporan tras la cortina de sudor que me vela los ojos, mientras clavo con fuerza el pie derecho en el cemento. ¡Un, dos! ¡Un, dos! ¡Un, dos!

Voy camino a casa reflejándome sin precisión en vidrieras polvorientas. Me tengo asco. Esas imágenes mías que se untan fugaces en las vitrinas de las tiendas tienen ahora mismo más consistencia que yo, valen más que yo. El asco me estremece. «♫ Algunos se creen que porque yo canto tengo que andar por ahí como un santo», restalla en mis oídos Eddie Dee.

Me hiedo a mierda, a ratones grasientos, a carroña. Y ese vaho lo llevo por dentro. Sin duda se me pegó de la asquerosa mano de la Directora. La muy hija de puta, ¡ojalá la parta en cuatro un camión cargado con fundas de cemento!, se empeñó en felicitarme por mi «patriótica acción». Después de la marcha, se apareció en el aula y allí, delante de todos, me puso una medalla de papel en el pecho. Hizo traer de la Dirección un cuadro del Padre de la Patria y me instó a sostenerlo con reverencia ante los cabrones del curso, quienes me observaban con sorna. Incluso me congelaron así en una foto. Allí estaba yo, acorralado por ojos morbosos, siendo comparado con el difunto del cuadro. «Hasta tiene el pelo bueno, como el Prócer», resaltó con apagado humor la vieja mientras se retiraba. ¡Maldita sea! A mí no me interesa ser ejemplo. Si no rompí la fila de la marcha patriótica fue simplemente porque no me dio la gana. No me quedé allí ofrendándome para nada. Yo soy un lugarteniente, no ando en jugadas de niñitos. Súmesele a eso que soy el compositor de los Fox Billy Games. Además, no me atrae hacer lo que hacen los demás… ¡Demasiadas vacas, demasiadas vacas! Y esto va para ti, maldita bruja Directora, por si un día te alfabetizas lo suficiente para leer esta vaina: si yo soy como el Prócer, el Prócer es como yo, de donde se deduce que el Prócer poseía esta misma fetidez que tengo yo.

Ese vaho no me deja comer. Casi no puedo respirar. Por razones de salubridad he decidido encerrarme en el cuarto desde que vuelvo del colegio. Sobre todo después que papá me felicitó por la pendejada esa del prócer. Brego todos mis asuntos desde estas cuatro paredes.

Mami entra varias veces en el día. Me hago el dormido para que se salga; pero ella se acuesta a mi lado y me acaricia el pelo. «Los mayores no necesitan compañía. Necesitan ser aislados y estudiados para poder descubrir qué nutrientes tienen que puedan ser extraídos para nuestro uso personal», ha profetizado Homero… el de los Simpson. No sé si ella finge o es que no le da el mal olor. Incluso me tengo que bañar bien y empaparme de colonia para ir al colegio. No salgo del aula. Los estudiantes, cuando se topan conmigo en los pasillos, exclaman con falsa ceremonia: «He aquí al Prócer». Tengo deseos de pegarle candela al colegio con todo el mundo adentro. «Súbete», me piden desde un carro que se ha detenido delante de mí, por cuya carrocería fluye el *hip hop*. En el asiento trasero veo al Número 15, el único pasajero. Al frente, el chofer, con el rostro rígido, podría pensarse que víctima de una tortícolis. Pienso decirle que no, pero al fin me cuelo en el asiento. Lo hago porque el tíguere es el único, en ese colegio de mierditas, que aparenta importarle un coño el asunto del prócer. Además, al momento de pedirme que subiera al carro, tenía un cigarrillo sin encender en los labios. Debo reconocer que posee el atractivo del que se sale del montón. Por otro lado, la música que escapa del radio es un imán que me pega del asiento.

Con soterrado asombro, hago una lectura de mi situación móvil: voy en una máquina roja nuevecita, BMW, una «bajapanti» en la que cualquier chica del barrio se desnudaría a cambio de ser montada en sus asientos de *leather*. Nada mal.

«¿Qué hiciste para que no te botaran del colegio?». «Nada», me responde, mientras lanza la cajetilla de cigarrillos hacia el asiento delantero, «soy el hijo del diputado», explica con un guiño.

Seguimos el resto del camino sin hablar. Las ventanillas encierran el aire acondicionado y nos separan del barrio. Las calles, los transeúntes y las casas son un videoclip bajo la voz estruendosa de Sean Paul que golpea el vacío con su puño de tierra. «♫ *Well, if a no today girl, then a must be tomorrow. When you fulfill my fantasy, because you know I give you lovin' straight like an arrow. When you gonna give it up to me».* El barrio se vislumbra así lejano, ideal, nostálgico, como esos videos salvajes de National Geographic Channel.

El carro lleva un instante detenido. Lo noto cuando veo por la ventanilla un par de piernas, de pantalón negro, que abren la puerta delantera y se sientan junto al chofer. Intento ver de quién se trata, pero la altura del asiento me impide distinguir ningún rasgo, ni siquiera el del cabello. Tengo la extraña sensación de que se trata solo de un par de piernas sin cuerpo. Mantengo la atención en Sean Paul. «♪ *Hey, pretty girl, see me love, if see you walk... You* no habla inglés, *but just listen me when me a talk».*

El silencio se impone de golpe. El chofer o el hombre de las piernas apagó la música. El Número 15 se inclina hacia mí. Apoya una mano en mis muslos. El automóvil se detiene cerca de casa. «¿Qué es lo que? Vamos a ganarle un millaje a la pendejada esa del prócer», lanza, acercándose a la puerta por la que acabo de deslizarme hacia la calzada. «¿Ah, sí?», reacciono desencajado. «No puedo entrar a la Dirección del colegio sin que se pongan en guardia… Pero de ti nadie puede sospechar: eres el Prócer», susurra con un poco de reticencia.

Aún no entiendo qué está maquinando el tipo. «*Can you burn CDs in the computer?*», me pregunta, así mismo, en inglés. No respondo de inmediato, me tomo unos segundos para asegurarme de que he entendido correctamente. «*Of course I can*», respondo. «Tú vas a ser mi héroe», exclama, y se encierra de un portazo. Vuelve a restallar la voz de Sean Paul. El vehículo se aleja. Me gusta lo del tipo, pues sus últimas palabras fueron directas, sin ninguna afectación.

3. Este es el *underground,* aquí está la gente pura
R1

La calle equivale ahora al aire acondicionado del mundo dañado infernalmente. El pegote del sol flota con saña; se ha vuelto con exactitud una moneda de un centavo que salta hacia la mano desde el fuego. Me da el tufo de mi pelo achicharrándose. El sudor borbotea a chisguetes, tibio, pero se queda enredado entre las hebras de mi cabello. No dudo que de manera democrática el sol ha echado en su asador la cabeza de cada uno de nosotros, la gente de los Fox Billy Games. Pero la mía se quema con mayor facilidad. Si no llevara yo este corte de pelo tan abundante e informe, quizás sufriera menos el lengüetazo solar.

Los que van a mi lado tienen la cabeza mejor moldeada para la ocasión. El Menor se cubre con una pañoleta que apenas deja afuera el lóbulo de la oreja del que le cuelga el arete. El Licenciado tiene una media luna sobre la frente, bien recortada, y nada más. Pádrax en Polvo trae el pelo recortado con el peine #1 y, en bajo relieve sobre la nuca, nítido, el símbolo de la Nike. El Chupi-Chupi trae un pajón que corona su flaca contextura, un erizo interminable a lo Tego Calderón. El único pasado de moda soy yo. Mi pelada ha sido tomada del álbum familiar. Ajá, han recortado de una foto el pelo de mi abuelo y lo han superpuesto con pegamento sobre mi cuero cabelludo.

El único corte más *out* que el mío es el del Aborto, quien viene siguiendo al grupo de lejitos, tratando de escabullirse entre mordiscos de guayaba, con ese cabello a mil leguas recortado por una mamá; pero ese ejemplo no me funciona como consuelo.

Yo soy el único pariguayo entre los que avanzamos en este instante por la calle vaporosa, desordenados, pero no al extremo de adelantarnos a Lacacho. Lacacho capitanea el escuadrón, con la luz del cielo concentrada y resplandeciendo en un punto de su cabeza rapada. El sudor, envasado en gotas aceitosas, se desliza por sus orejas, por el pescuezo, hasta desvanecerse en manchas por su camiseta de los Knicks.

La luz se fue cuando oíamos el programa de DJ Nelson en el cuarto de Pádrax en Polvo. Estábamos todos allí apiñados en aquel cuartito mal ventilado que, en lugar de oxígeno, estaba saturado de medias sin lavar, de tenis sudados y de pies sucios que, sumados, armaban un sicote tan irrespirable, mi hermano, como una rata gasificada en el aire. La habitación era del tamaño de un clóset; no tenía ventana, la pequeña cama ocupaba casi toda la superficie y una cortina de baño hacía de puerta para separarla del resto de la casa. Pero lo peor era la mamá de Pádrax en Polvo, paseándose como un guardia al otro lado de la cortina, amenazando con arrancar los cables eléctricos si por mano del diablo subíamos el volumen del radio. Y no jugaba la vieja: ya una madrugada había amenazado con quemar la casa si no apagaban la computadora, y casi lo hace de no haber sido por los vecinos. La tipa no coge corte. A esta tipa se le cruzan los cables del cerebro.

Por eso oíamos el programa bajito, dándole nariz a la rata. Y cuando en una la tipa salió al colmado de enfrente y la oímos aceptar tomarse un par de cervezas, le dimos con todo a la rueda del volumen. Pero ahí mismito se fue la luz. Ya yo estaba en línea, ya DJ Nelson iba a darme paso desde el celular del Menor para que rapeara una tiradera contra los estúpidos lagartos de Crapulandia City, cuando los cables se quedaron a nivel de morgue. Desconexión total. Se nos desenchufó el plan de probar la nueva versión del juego de Naruto en la computadora de Pádrax. Nos tiramos a la calle. «♫ Yo no puedo permitir que venga un loco y me vacíe un cartucho. Naah, yo soy la esperanza de muchos. Tengo amistades que se alegran cuando voy hacia delante, y aunque la calle esté mala trataré de ser cantante», rapea el Licenciado una canción de Arcángel; el Licenciado es célebre por ser el único que se sabe las primeras canciones de Arcángel. Pero hace demasiado sol para ponerse a cantar, opina Lacacho. Verdaderamente, cuando se pasa por el fuego es mejor caminar en silencio. Nadie ha escuchado un cerdo chillar mientras se asa en la candela.

Llegamos a la casa de Tatú. Digo «casa» por decirlo de alguna manera. En verdad es una construcción abandonada, con una habitación de ventanas cerradas por pedazos de cartón piedra, donde reside el anfitrión. Lacacho empuja la lámina de zinc que sirve de puerta. Entramos. Está oscuro, huele a orines, parece una réplica ampliada del cuarto de Pádrax en Polvo.

En la penumbra descubrimos un cuerpo, casi medio cuerpo, tirado en una camita de metal, envuelto en trapos estrujados. Ese es Tatú, el que hace los tatuajes, un artista de cuya tinta últimamente han salido la mayoría de los dibujos que adornan la carne del barrio. Claro, no se llama así por lo de los tatuajes, sino, tú sabes, porque es enano. Aunque debe tener la edad de mi viejo, sus gestos son los de un niño. En realidad es medio palomo. Alcanzo a ver, casi enterrada en el polvo, una consola. Se trata de una vieja Comodoro 64, conectada a un televisor desvencijado. MacGylver señala que en ese aparato el enano todavía suele jugar PacMan. «No creo que en este mundo quede nadie que le pueda ganar en el Comecoco», completa impaciente mientras intenta arrancarle el Game Boy a Pádrax en Polvo.

Tatú es un tipo musicalmente rarísimo. Al pie de la cama hay una casetera en que El General canturrea, con el volumen muerto: «♫ Una libra de cadera no es cadera. Dos libras de cadera no es cadera. Tres libras de cadera no es cadera...». Lo definen de la vieja escuela. Yo diría de la viejísima. Solo escucha casetes y elepés. Hay una mesa repleta de ellos, lustrados de polvo. Alcanzo a ver carátulas de Nando Boom, Black Apache, Chicho Man, Liza M. Tiene también algo de Vico C, de la época de piedra. Entre los elepés, resaltan uno de Shabba Rank y otro de El General. Aquello parece un altar a la vieja tecnología musical.

Según ha dicho antes, la música se dañó a partir de Playero 37. «Porque entonces empezaron a meter en los discos mujeres desnudas que uno no podía ver», explica. «Con los videoclips lo arreglaron un chin», admite, «por lo menos ahí podía uno ver las mujeres... Pero para verlos había que tener videocaseteras. ¡Tremendo biberón!». Hace quince años que a este tíguere el tiempo se le congeló.

Pisado por una botella de Don Rhon, junto al muñón de una vela, hay un recibo de compraventa. Por lo visto hace dos días empeñó el equipo de oír elepés. Un día los Fox Billy Games, tripeando, le hablamos de hacer una colecta para regalarle un iPod. «No suenan igual, no», se quejó, y con esa simple frase dejó establecido que prefería su tocacasete. Lacacho lo zarandea con el pie, pero no logra despertarlo sino como hasta la mitad. «Levántate, palomo», le dice, y el carajo repite, como desde el quinto sueño, «¿Eh...? ¿Eh...? ¿Eh...?», sin animarse a dar el cruce hasta este lado de la realidad. Lacacho le arranca las sábanas. El tipo se espanta, como si le hubieran tirado ácido del diablo. Logra sentarse en la cama. Tiene el ceño fruncido. Parece que le cae mal la zona despierta de las cosas. Busca a tientas bajo el colchón y logra extraer una botella de ginebra. Tira la cabeza contra la nuca, pero no consigue ni una gota. La botella está vacía. Extiende un dedo como en la película *E.T.*, pero hacia el suelo, para apagar la casetera.

«¿Tienes algo ahí?», pregunta desde una nebulosa. Lacacho niega con la cabeza. «¡Ah! ¿Tú ves? Deberías estar en el negocio. Tienes tamaño y eres menor de edad. La piedra deja su billete. Además...», se le borran las palabras, pues el sueño parece halarlo nuevamente. Lacacho lo retrotrae y, quitándole la botella, advierte con dignidad: «El crack es negocio de churriositos. Yo no brego con ratas. Estoy en algo grande». Nos observa de reojo, quizás amenazador. «Levántate y lávate la cara. Vine a que me hagas el tatuaje». «¿Qué horas son?», pregunta con voz borrosa. «La hora del corazón», se burla el Menor.

Tatú se pone de pie. Intenta animarse, pero le falta energía para eso. Se queda cabizbajo, respirando por un fuelle. «Ahora no se va a poder», se excusa con los ojos clavados en las manos. Los dedos le tiemblan como si fueran de cuerda.

«¡Buen mamagüebo!», le espeta Lacacho, agarrándolo por el cuello. El tipo se deja zarandear sin oponer resistencia. «¡Ah! ¿Tú ves?», comenta Tatú luego que lo dejan caer en el lío de sábanas, «a mi hermana la mató el marido anoche. Le vació los cartuchos de la escopeta... Había más sangre que el diablo... Y el cabrón se ahorcó, como si nada; estaba guindando de un alambre... ¡Diablos! Yo no sabía que una gente tuviera tanta sangre... ¿Quieren ver? Tengo que ir a darle vuelta a la difunta. Ya lleva mucho rato sola».

Hacemos un silencio que se nota. «¿Todavía están en la casa?», corta Lacacho. «Están en la morgue del hospital. A mí me dejan entrar porque soy de la familia. ¡Ah! ¿Tú ves? Puedo decir que ustedes también son hermanos de la muerta».

Partimos hacia la morgue. Lo correcto es que yo pida el permiso en casa para desplazarme tan lejos. De hecho, con venir al barrio de Tatú ya había abandonado el perímetro en que puedo moverme con libertad. Pero la noticia de la tragedia y la posibilidad de escrutar los cadáveres me atrae ciegamente.

Tatú va delante; con su voz asonsada nos lleva a todos hipnotizados como flautista de Hamelín, menos a Lacacho, que marcha a su lado. Según el vaivén de sus palabras, la mujer había decidido separarse del marido, pero él igual la seguía rondando; juraba que ella lo había dejado por otro, sin entender que ella lo había dejado por él mismo.

Se me graba la frase que, según Tatú, el matador siempre decía: «Este odio me tiene amarrado a ti, no me deja vivir», va repitiendo el enano, para siempre retornar al punto de describir los cadáveres. Aunque lo que le inyecta el tono trágico a esta frase son las notas de Tiziano Ferro que, a propósito, susurra el Menor: «♫ Duele mucho dedicarte mi rencor».

«¡Ven acá!», exclama el Chupi-Chupi y detiene la marcha. Todos nos detenemos y dirigimos hacia él la mirada. «Ven acá... ¿Y quién se va a encargar de los huérfanos?». La pregunta cae como hacia un limbo. Lacacho golpea con el hombro a Tatú. «Tendré que ocuparme yo», responde con un terror que cae en el asombro. «¿Cuántos carajitos son?», inquiere Pádrax en Polvo. Tatú queda pensativo. Torpemente cuenta con los dedos. «Son cuatro... La más vieja tiene siete años. El chiquito tiene año y medio».

Recuperamos el movimiento. Nadie tiene el valor de reconocerlo, pero la vaina nos duele. Nos mete duro con manopla hasta el punto de que no nos queda ánimo ni para hacer algún chiste sobre la situación. Busco dentro de mí el consuelo que fuera no encontraría nunca. Tengo que hallarlo urgentemente, si no, no tendré forma de parar esta lágrima que empieza a empujar con fuerza desde la parte atrás de mis ojos. ¿Qué terrible dolor es este, que sin ser nuestro nos duele como si fuera de nosotros? ¡Tanta muerte! ¡Tanta muerte perreando alrededor de tanta gente!

Saco del cidí de mi memoria un MP3 de Vakeró: «♫ Yo estoy desde carajito haciendo el show, bebiendo, peleando, borracho, metido en to». Me repito esos versos para sentirme fuerte. Pero la lágrima logra filtrarse entre los resquicios de las grafías y se instala en mis pupilas. Lacacho se ha volteado de repente y se ha detenido en mi mejilla navajeada por la lágrima. Para mi sorpresa no pone la alarma, ni siquiera se burla. Sin expresión alguna, se limita a mirarme a los ojos. Vuelve la cabeza hacia delante.

Le oigo canturrear unas líneas de Héctor El Father: «♫ Aquí no hay miedo: lo dejamo' en la gaveta». No va a decir ni a decirme nada. Esa lágrima ha pasado al baúl secreto que ambos guardamos en silencio. Abandonamos la morgue. Marchamos organizados en pelotón por la calle. Lacacho va al frente. Asumiendo mi condición de lugarteniente, me coloco discretamente un paso más adelante, entre el grupo y el líder. Nadie parece darse cuenta. Todos van pensativos, con las imágenes de la morgue caladas en el ánimo. Si son las mismas que las mías, se trata de imágenes en tinta china recortadas de un cómic de terror. Parece que no hay manera de borrarlas.

El cielo, quemado por el sol, se extiende de forma que cualquier persona o cosa, por ínfima que sea, pueda cubrirse con uno de sus pedazos. Los árboles ocultan la sombra a esta hora de las doce. La ciudad palpita en medio de... Dejémonos de preámbulos. Escribamos de una vez lo que sucedió en aquella morgue. Albergaba la esperanza de poder ocultar mis pensamientos bajo el manto de insulsas descripciones, como hacen los escritores de libros. En realidad hubiera sido maravilloso dispersar mi experiencia trágica en un juego de palabras, dejarla extraviada entre párrafos vacíos. Pero la impresión de lo terrible se me impone.

El hospital estaba repleto de curiosos atraídos por la noticia de la tragedia. La muchedumbre fluía disgregada por jardines y pasillos, comentando, preguntando, poniendo en práctica cualquier influencia para ver si la dejaban ver los cadáveres. Nos abrimos paso entre el gentío. Al llegar a la puerta de hierro que daba paso a la morgue, hubo un silencio morboso. El guardia no vaciló en darnos paso. El auténtico rostro de derrota de Tatú le indicó que se encontraba ante un familiar de los difuntos. Abrió sin preguntarle nada. Fue tan conmovedora la tristeza del enano, que el guardia ni siquiera dudó de nosotros, sino que nos dejó entrar sin hacer preguntas y, cuando el último del grupo cruzó el vano, cerró ruidosamente la puerta.

Había un penetrante olor a formol. Cada uno de los cadáveres reposaba sobre una meseta de cemento. Sorprendía la falta de dignidad con que los tenían allí. La mujer estaba sucia, con la ropa pintarrajeada por una mancha marrón. Los cabellos llenos de tierra. La boca entreabierta, con una mosca muerta en la comisura de los labios. El hombre tenía los ojos brotados, blancos como leche. La lengua afuera y sanguinolenta. Manchas de baba en la barbilla. El cuello desollado. Llamaba mucho la atención el fuerte olor a orines y mierda que despedía. Los dos cadáveres tenían una profunda expresión de tristeza, no tanto por la muerte como por el abandono en que los habían dejado.

Sin embargo, lo más horrendo no era la marca de la mala muerte. Lo peor eran dos periodistas, un gordo y un flaco, que se encontraban allí. El gordo grababa con una cámara. El flaco le daba indicaciones de los planos que debía tomar. Yo, por si las moscas, me las ingenié para mantenerme apartado del lente. «Grábalo despacio, que se vea todo. ¡Aguanta...! Deja la cámara un rato ahí, en el cuello... capta la marca de la soga», dirigía el flaco.

Tatú no se daba por enterado. Estaba junto al cadáver de su hermana, callado. Se notaba ido. El gordo se le puso delante con el lente. El flaco, mientras se acomodaba la corbata, le preguntó: «¿Usted era familia de la muchacha?». «¡Ah! ¿Tú ves? Sí. Pero no le pongan la cámara. Era una madre de familia. Estaba preñada». El tipo dio la orden de grabar y empezó a hacerle preguntas. Que si el marido era celoso, que si era cierto que ella guardaba una relación con un barbero, que si... Tatú respondía con cualquier cosa, con los ojos clavados en el lente. De pronto, el flaco indicó al gordo que enfocara el cadáver. Tatú se negó. «Graba, gordo», ordenó y, mirando con arrogancia al entrevistado, anotó: «Yo tengo un permiso del hospital». Apartó con asco un mechón de pelo de la nuca de la difunta, dejando a la vista un hueco redondo, brutal, abierto por un cartuchazo. «Pon el lente aquí». El gordo se inclinó ante el cadáver.

De inmediato, sin ninguna transición, Tatú le arrancó violentamente la cámara y la estrelló contra la pared; enseguida sacó la cinta y la ripió. Impresionado, el gordo sollozaba asustado, mientras el flaco amenazaba furioso. En medio del bullicio aparecieron dos policías. Tras oír la acusación del periodista, le entraron a rebencazos a Tatú. Yo sentí indignación por el abuso, pero como Lacacho permanecía como si nada, me quedé contemplando la escena.

«¿Estos carajitos andan contigo?», le preguntó uno de los policías a Tatú, refiriéndose a nosotros. De sus palabras emanó un profundo desprecio. Pero el enano estaba demasiado golpeado para escuchar; además tenía la boca rota. «Nosotros ni conocemos a ese pariguayo», intervino entonces Lacacho.

Cuando a Tatú se lo llevaron preso, abandonamos la morgue. Al salir del hospital hicimos algunos comentarios sobre el estado de los cadáveres. Observé la basura pestilente que rebosaba las aceras; los perros defendiendo a dentelladas su espacio ante las mesas de fritura; la calle llena de dos series humanas: la mansa y la que esconde el cuchillo para degollar. Luego miré todas las partes que pude de mi cuerpo. Escruté a los muchachos que venían a mi lado. Ninguno tenía un orificio fresco ni sangraba por ninguna parte. Todos respiraban con normalidad y tenían los ojos brillantes. «¿Recuerdan el final de la canción de Gallego con Don Omar?», pregunté para disolver una sustancia pastosa que se me aposaba en la boca, «la recompensa es estar vivo». Pero un silencio sepulcral nos tragaba la lengua. Desde entonces caminamos hacia el barrio como quien no lleva rumbo, con pasos perdidos que parece que nunca van a detenerse.

4. Más personal que el hongo vaginal. RESIDENTE

Los pasos han terminado ante una puerta. Siempre quise venir a esta casa. Y aquí estoy, como traído por una ola, de pie en el umbral. No me lo creo. Si no fuera por salvarme del ridículo, me pellizcaría para ver si no me han vaciado en un sueño. Esta es la Casa de Muñecas. Esta casa vive llena de niñas que juegan recio. Niñas que fuman. Esta casa es de niñas que le dan a la carne de cocote. Las niñas de esta casa no juegan. Son niñas de cuerpos fáciles, que te los dan por poca cosa o por el gusto de sentirse mujeres grandes. Tú sabes, en esta casa se singa poderosamente.

Entro de último. Bueno, de penúltimo: el Aborto viene más atrás, con una guayaba clavada en los dientes, aunque no cuenta para la entrada. Lacacho lo descubre cuando se para en la puerta. «¡Maldito Citoté!», le grita de sorpresa. «¡Te voy a arrancar la cabeza si no te esfumas *right now*!». El Aborto abre gas como cuando le tiran un montante a un perro. Desaparece al doblar la esquina.

La casa es claroscura por dentro. Las paredes son de madera a medio carcomer, sin pintar o pintadas hace ya un fracatán de tiempo. El techo, armado con planchas de zinc, está agujereado, a juzgar por los rayos de sol que se filtran. Llama la atención la escasez de muebles y un sofá de felpa gastada, apoltronado en un rincón, muy vetusto, que parece traído de Nueva York hará cosa de veinte años.

Da la impresión de que la casa posee muchas habitaciones. La casa huele a algo nada agradable, no sé exactamente a qué. Y por todas partes se superponen cortinas de humo de cigarrillo. Los muchachos se desenvuelven con soltura en aquel lugar. Cuando entramos, había varias chicas recortando fotos de revistas. Ahora solo quedan dos a la vista. Las otras se esfumaron rápidamente con los muchachos en los diversos cuartos. Desde aquí logro divisar a algunos; no con mucha claridad, pues las cortinas tapan los huecos de las puertas; de todos modos en el interior de las habitaciones está muy oscuro.

Lacacho hace una señal a una chica de cabellera abundante que está sentada en la ventana. La jeva salta al piso, apaga el cigarrillo, hace una burbuja con el chicle y desaparece tras la cortina de un cuarto. «Cuidado con Cerebrito», me aconseja mientras aparta la cortina con la mano, «tenle miedo». Se va hacia la habitación agitando el dedo. «Ah», añade antes de dejarse tragar por el vano, «y no pierdas el tiempo con la que está en el cuarto del patio: Judy Ann está separada para la venta».

Quedo solo en medio de la sala. Es obvio que Cerebrito es aquella muchachita que está sentada de perfil en la mesa del fondo, con los ojos perdidos en los trazos que realiza en un cuaderno. El pelo rubio baja como un paño desde su cabeza, y así su rostro se oculta a mis ojos.

Me siento inútil en medio de la sala. No me posee la confianza de tomar asiento o de apoyarme a la pared. Allí hay un ambiente de película de misterio, pero sin la musiquita. Se trata de un limbo. A veces llega de las habitaciones un chillido como de ratones, que se acalla rápidamente.

He percibido unos ojos clavados en mi espalda desde el fondo de la casa. No sé si ha sido mi imaginación o simple coincidencia, pero el caso es que desde allí unos ojillos me observan. Junto a ellos, distingo una mano que me hace señas para que me acerque. La vislumbro por una brasa de cigarrillo que traza una línea ondulada en la penumbra. Voy. Se trata de una anciana sentada en una silla de ruedas. Junto a ella hay una cama desarreglada, sobre cuyo espaldar resalta una pequeña ventana que, más que la luz, deja entrar la sombra de algún árbol del callejón. Huele allí a mucha ropa sucia. La escena se complementa con el fondo musical de una canción de Paulina Rubio, sin duda sintonizada de una emisora AM que no entra bien al dial.

«Eres un niño decente», dice con voz susurrante mientras me da unas palmaditas en una mano. «Bonito como un novio nuevo», completa, sin quitarse el cigarrillo de la boca. Su mano estropajosa recorre las líneas de mi rostro. Me da cosquillas, como si me caminara una cucaracha por las mejillas. Me aparto un poco, por cortesía. Ahora sus ojos tienen un aspecto extraño, brillan más que hace un rato. «Me he hecho pipí en la ropa... Ven, cámbiame el vestido». «Con permiso», le digo y me escabullo hacia la sala.

Los ojos de la anciana me escrutan desde la sombra. La mesa de Cerebrito es el único lugar al que no llega el rayo de su mirada. Me refugio allí, silencioso, temeroso de molestar. Oigo claramente el roce del lápiz sobre la hoja de papel. El tiempo en esta casa no se marca. Una puerta da a un patio techado por las grandes hojas de unos árboles de almendra. Salgo a tomar aire o a escapar del silencio humano.

En el patio hay un pequeño cuarto de paredes de cemento y techado por planchas de asbesto. Los materiales y el cuidado de la construcción contrastan con el resto de la casa. El tono de un celular suena tras sus paredes. Me acerco a una persiana a espiar. Dentro veo una cama arreglada con una hermosa colcha y muchas almohadas. En el centro, sentado, descansa un enorme oso de peluche. Distingo la puerta abierta de un baño cuyas paredes están forradas por azulejos bien bruñidos. Hay televisor, nevera, aire acondicionado, el piso alfombrado, muchas comodidades. Parece el cuarto de una niña rica.

Descubro una chica en una mecedora. Está sentada frente a frente a la persiana desde la que observo. Es una muchacha grande, quizás de quince años. Es Judy Ann, a juzgar por una placa de oro que cuelga de su pecho con ese nombre. Tú sabes, ¡esa es una chica! Existe la diferencia entre una muchacha y una chica. Una muchacha es simplemente una mujer de no tantos años. En cambio, una chica es algo más: atractiva, moderna, con cierto veneno en el *flow*, decididamente *chic*. Todas las chicas, por supuesto, son muchachas, pero no al revés. ¿Te di luz?

Judy Ann detecta la luz fluorescente del celular. Aparta el cigarrillo de sus labios. Luego de responder, se quita unos audífonos. Es bonita y tiene las uñas bien arregladas. Le divierte hablar por el aparato. «¿Qué es lo que...? Sí, acabo de oír el saludo que me mandaste por el radio... No, sola... ¿De verdad soy tu *baby girl*?... ¿Una cerveza para mí?... Puedes traerla, pero te vas de una vez... El Viejo está por llegar... ¡Hey, oye! Que sea Heineken...».

Cuando cuelga, sus ojos se pierden en la pantalla del celular. Vuelve a colocarse los audífonos. Tararea un reguetón de Don Miguelo. Es bonita. Al rato tocan a la puerta del cuarto. No sé cómo se las ingenió para escuchar. Le sonríe a un muchacho que le entrega una Heineken. Se trata de Delivery, el repartidor del colmado. Sin dejarlo entrar, permite que le meta una mano por debajo del *t-shirt* y le acaricie las tetas. «♪ ¡Muerde suave, piensa bien, razona!», le canta, de Candyman, mientras intenta levantarle el *t-shirt*. Ella, apurada, le saca la mano y le pide que se vaya. «¡Me guayé!», lamenta el chamaco; le ruega que lo deje entrar, pero no consigue el paso. Ella, esbozando con hastío una sonrisa, tira las sobras del cigarrillo al piso. Le susurra algo al oído, como rogando. «No. Te digo que el Viejo está por llegar. *Bye*».

La jeva logra cerrar. Apoya la espalda contra la puerta. Desde afuera, sonríe al escuchar a Delivery rapear con angurria las rimas de una canción del Residente: «♪ Te voy a echar agua caliente por tu vientre, y con mi lengua limpiarte los dientes, pa' que rompas fuente y botes detergente por abajo, por el Occidente». «Lo tuyo te sale mañana. Ven a las 3:00», le dice Judy Ann sin abrir, «Ahora, vete, *please*». El tipo se retira complacido, rapeando aquella estrofa de El Poeta en la Charles Family: «♪ No podemos hacer el amor, porque el amor nació hecho».

Judy Ann se pasa la mano por el pelo. Se sienta de nuevo en la mecedora. Sus ojos se cruzan con los míos. Parece que me ha descubierto. El miedo me pica, me inmoviliza con su veneno. Pienso que va a pegar un grito. No lo hace. Se coloca los audífonos. Enciende un cigarrillo. Ahora no sé si realmente advirtió mi presencia.

Alarga el brazo y alcanza la cerveza. Se frota las mejillas con el vidrio frío. Destapa la botella con los dientes y se da un trago. Queda pensativa. Se ve más bonita así, medio ida, como embobada. Abre las piernas y vislumbro, frente a frente, el osito estampado en sus pantis blancos. La tengo como a dos metros, con la cabeza tirada hacia atrás. Se introduce una mano dentro de los pantis, de la otra le cuelga la botella. Enseguida extiende una pierna en dirección a mí y, de un golpe súbito, cierra la persiana. Me aparto espantado. Regreso a la sala. No hay ninguno de los muchachos a la vista. Temo ser acorralado por los ojos de la anciana, cuyo rostro ondea tras una cortina de humo de cigarrillo. Me refugio detrás de Cerebrito, con estampa de fantasma. Ella se aparta con la mano el paño de cabello y me mira de soslayo. Es una mirada extraña, casi una media mirada. Mira como si dudara, sin decir nada con los ojos. No hay manera de imaginarse qué coño piensa mientras le clava a uno sus pupilas amarillas.

«¿Qué es lo que? ¿Qué estudias?», le pregunto para romper el hielo. Escurre los ojos. «¿En qué curso estás?», intento de nuevo. Me mira de reojo. «Terminé la tarea», responde. Le hago otras preguntas por el estilo. Contesta con pocas palabras. Casi da trabajo hilar una pregunta que le extraiga más de dos palabras. El monosílabo es su fuerte. Parece profesar a Tego Calderón: «♩ A veces vale la pena el hablar lo indispensable».

«Se fueron», salta en una, refiriéndose a los muchachos. Miro alrededor. «No los vi cuando se iban», digo extrañado. «Ellos tampoco».

«¡Cocco! ¡Cocco!», grita la anciana, «¡Cocco! Ven, que se me salió toda esta vaina». Junto con el clamor, la casa se inunda de un vaho a mierda. La muchacha se levanta de la silla. Al pasar por mi lado, siento que me ordena seguirle. Llego detrás de ella al cuarto de la anciana.

«¡Cocco! ¡Cocco!», lamenta con los brazos abiertos. Tiene un párpado mojado de lágrimas. El otro está seco. No se puede respirar por el tufo. La jeva, sin ningún prurito, le levanta la falda para retirarle un pañal. «Alcánzame ése», pide, señalando un *pamper* limpio sobre una coqueta. Se lo paso. Limpia a la anciana con un paño húmedo, la espolvorea con talco y le pone el pañal nuevo; luego se deshace del sucio. Es una operación asquerosa. La anciana suspira complacida. El olor del talco se mezcla con el del cigarrillo y el de la mierda. En el fondo se escucha la canción de Paulina Rubio, mal sintonizada, como si se estrujara contra el dial. Estoy entre ella y la muchacha, tan cerca que, si me descuido, podría rozarlas con las piernas. «¿Te llamas Cocco?», pregunto a la muchacha, que sigue en cuclillas junto a la silla de ruedas. Me mira de soslayo. Vuelve a bajar las pupilas sin responder. «¿Es tu abuela?». Vuelve a mirarme igual; tampoco contesta.

«Es un muchacho bonito, Cocco», interviene la abuela, «lindo como un novio nuevo». La muchacha le clava las pupilas sin expresión. «Se va a morir un día, Cocco. Se va a morir un día...», anuncia la vieja, angurriosa, recorriéndome con los ojos. Le pasa a la muchacha un puñado de monedas recogidas en una media de nailon.

Para mi sorpresa, la muchacha, sin ponerse de pie, se acerca a mí. ¿Cómo puedo explicar lo que sucede enseguida? Digamos que me baja el pantalón y toca mi pene. Me quedo helado por la sorpresa. Nadie, salvo mi madre, jamás me había tocado allí. Incluso, mi madre no lo ha hecho desde hace más de tres años. Intento recular. Entonces la anciana me agarra por la muñeca, para que me quede quieto. Me inmoviliza la fuerza de aquella mano de animal prehistórico. Es imposible apartarme. Una sensación extraña me embarga. La boca de la muchacha cubre mi miembro. Siento su saliva tibia. Las piernas me tiemblan. Todo se me borra. De pronto el universo que me circunda se llena de ventanas, infinitas ventanas. No oigo nada, solo el silbido de la velocidad. Las ventanas se abren de golpe al mismo tiempo, se hacen pedazos y todo se llena de luz, y de agua.

5. Tu ética no es mi ética. TEGO CALDERÓN

La maldita bruja me observa con cara de tía mía. Es increíble cómo en su rostro coinciden puntualmente los factores para hacerse odiosa. Los espejuelos de pasta, enmascarando sus ojillos de víbora; el pelo duro, como de peluca vieja; los cachetes resucitados con el mismo carmín que embarra sus labios mustios; la verruga sembrada de pelos; todo anudado con esa sonrisa forzada de carcelero que posa para una foto de carné. En lugar de «Directora», su distintivo debería decir «Verduga».

«Sería para mí un honor motivar entre los estudiantes ese concurso de poesía patriótica», le confirmo con una sonrisa. Me acaba de exponer su interés de convocar a los estudiantes a participar en un concurso literario sobre la Independencia. «El estilo se dejaría a libertad del estudiantado. El que no participe, sacará un cero en Moral y Cívica», me cotorrea entusiasmada. Voltea el rostro y eleva sus ojos ponzoñosos hacia el cuadro que cuelga ahorcado de un clavo.

Encajonado en un marco de caoba permanece el Padre de la Patria, idiotizado por una corbata de pajarita. Parece que de adulto lo vestía y peinaba su madre. Imagino que en vida no tuvo mucha ventaja con las mujeres, a juzgar por el *feeling* pariguayísimo que luce en el retrato. Pensándolo sin mucho esfuerzo, el Padre de la Patria es un buen personaje para mi Mansión Foster para Amigos

Imaginarios. La Verduga vuelve hacia mí su rostro. Mirándola bien, ella y el Padre de la Patria hubiesen hecho buena pareja. Ambos se ven igual de ajados y evocan el mismo aroma a bolas de naftalina y formaldehído. La oigo coquetear con mi corazón cívico. Sonrío sin fastidio. En realidad, en este momento no me siento incómodo ante su discurso de huevo desabrido. Ya hice lo mío.

Había llegado temprano a la Dirección, aprovechando que la vieja se encontraba en el patio inspeccionando el uniforme de los estudiantes que entraban al colegio. Inventé la excusa de que necesitaba hablar con ella, por lo que su secretaria me permitió esperarla en su oficina. Total, a nadie se le ocurriría sospechar de la encarnación del Padre de la Patria. Protegido por la ausencia de vigilancia, realicé rápidamente la operación.

Unos segundos después entró la vieja bruja y me plantó el cuento del concurso literario. Ni siquiera tuve que inventar la razón de mi visita a su despacho.

Ahora estamos acartonados en la fila, rígidos, en espera de que termine la ceremonia que precede a la entrada a las aulas. Estoy muy ansioso, casi traicionado por la sonrisa.

La Directora lanza su habitual discurso a la sombra del balcón. Esta vez se ha extendido más de la cuenta. Empezó por ponernos a corear un Padrenuestro. Siguió con la convocatoria al concurso literario. Ahora le ha cogido con una arenga sobre la manera correcta de decir las cosas. Y este sol cabronísimo que tuesta los sesos. No suelta el micrófono ni por milagro, sin importarle la tortura de la mala modulación y el chillido del *feedback*.

«Un estudiante de este colegio nunca dice "tíguere", "carajo" ni "montro", sino caballero... Nunca dice "jeva", sino muchacha... Nunca dice "tumbar", sino estafar... Nunca dice "palomo", sino novato... Nunca dice "biberón", sino problema... Nunca dice "cloro", sino claro... Nunca dice "hacer cocote", sino pensar... Nunca dice "quillar", sino molestar... Nunca dice "janguear", sino pasear... Nunca dice "guayarse", sino equivocarse... Nunca dice "bufear", sino burlar... Nunca dice "chamaco", sino muchacho... Nunca dice "chotear", sino delatar... Nunca dice "dar cotorra", sino convencer... Nunca dice "tripear", sino bromear... Nunca dice "blimblín", sino joya...», va y viene, cayéndole con la voz detrás a un péndulo. Y hay que oír el tono de náusea que imprime a las palabras que, según su sesera con fecha vencida, nunca se dicen.

Prefiero prestarle atención al Número 15, quien la va parodiando detrás de mí a media voz: «Un estudiante de este colegio nunca dice "fornicar", sino singar... Nunca dice "pene", sino güebo... Nunca dice "vagina", sino toto... Nunca dice...». Todos a su alrededor lo escuchamos con interés, aunque no nos atrevemos a rajarnos de la risa, por temor a que la vieja bruja se suba a su escoba y baje del balcón a ponernos un castigo peor que el de oír la basura de su boca.

El Número 15 se calla. A mi alrededor pesa su silencio relleno por el discurso de la Directora. «¿Quemaste el cidí?», le oigo susurrarme. «Ajá», le confirmo en voz baja, «Lo copié anoche en mi computadora». «So...?», interroga curioso. «Hice el cambio hace un rato», le confirmo. «*Yeah!*», vitorea entre dientes.

La Directora ha terminado con su mataburros «por el día de hoy». Me extraña que aún siga viva. «Ahora, querido estudiantado, mantengan la actitud solemne para escuchar las gloriosas notas del canto a la Patria», dice, poniéndose firme y echando sus tetas de vaca hacia adelante, mientras hace una señal al profesor de Deportes para que ponga el cidí con el Himno Nacional. Perfecciono la pose militar. Paro la respiración. Llega el instante de mi venganza. Tras unos segundos eternos y unos nanosegundos interminables, los altavoces saturan el patio repentinamente con la música: «♪ Pa'l carajo la mente sana, yo lo que quiero es mariguana...», con las voces bufonescas del dúo Guanábanas.

Se impone un silencio de incredulidad, brevísimo, que da paso a un tropel de risas entre los estudiantes. Los profesores, tomados por sorpresa, aletean entre las filas tratando en vano de imponer la calma. La risa aumenta al emerger el rostro descompuesto de la Directora, que echa chispas —literalmente echa chispas— mientras grita que quiten esa música infernal.

Para mejoría del ambiente, el profesor de Deportes, acaso por la presión del momento, no da pie con bola con el radio. Los botones que oprime aumentan el volumen o suman un efecto favorable a la música. La Directora, desesperada, salta sobre el aparato, pero no logra parar el cidí. Los profesores le meten mano al teclado, brincan como locos, se empujan entre sí para tratar de controlar el volumen. Las risotadas de los estudiantes se mezclan con el reguetón.

Finalmente, la Verduga pega un grito descarnado. Toma el radio, lo levanta sobre su cabeza y, dando un tirón hacia arriba, logra desconectarlo. La risa se extingue con forzada premura. La Directora permanece inmóvil bajo el balcón, con el radio levantado entre las manos. En el patio se oye el fuelle de su respiración. Su pelo es una antorcha encendida y sus ojos, dos brasas. Los profesores también están inmóviles, como asustados. Los estudiantes, con un silencio lúgubre, se han reorganizado en filas. Lo que está sucediendo ahora es el resultado de la acción de hace media hora. La Directora ha ordenado reorganizar las filas a campo abierto, lejos de la sombra de los árboles. Con la ayuda de los rayos del sol, nos exige confesar o denunciar al culpable. Pasea la furia de sus ojos por las pupilas de cada estudiante, sin importar grado o sexo. La cosa está que arde. El temor ondea en la brisa caliente. Pero yo estoy encerrado en una burbuja que me aísla del drama. En realidad tengo el control de mi situación. Disfruto de mi obra. No me canso de repasar los detalles. Jamás se me hubiera ocurrido que la operación tendría un resultado tan demoledor. Solo lamento no haber hecho arreglos para que todo quedara grabado. Sin duda hubiera ganado los diez mil dólares del concurso de videos chistosos.

Recuerdo que rehíce el reguetón de Guanábanas en mi computadora, de manera que iniciara por el coro final: «♫ Pa'l carajo la mente sana…»; entonces copié las demás estrofas, intercalando el coro, con un *beat* explosivísimo. Recuerdo la precisión con que diseñé la etiqueta, idéntica a la del cidí del Himno Nacional que usa cada mañana la Directora. Recuerdo cuando, a solas en la Dirección, hice el cambio de discos. Todo encajó con una limpieza digna de un profesional.

«Mientras más dure en descubrir al culpable, mayor será el castigo», amenaza como un disco rayado la vieja bruja, paseándose entre las filas. Enroscado al cielo está el sol con sus pilas nuevas, haciendo lo único que sabe hacer. Los estudiantes sudan la gota gorda, inmóviles como postes. No pueden aliviarse del calor que se les atornilla a la piel. Algunos parecen a punto de desfallecer, pero no pueden hacer nada para mejorar su situación, no tienen ninguna pista, pues el golpe fue tan perfecto que no dejó el menor rastro.

«¡Nadie se mueve de aquí hasta descubrir al culpable!», reitera sin piedad en respuesta a los débiles quejidos de algunos estudiantes. Miro de reojo a mi alrededor. Mi vista se llena de rostros estragados por el calor, algunos con lágrimas de no aguantar más, carrillos encarnados, orejas coloradas, mejillas al rojo vivo, cabelleras empapadas de sudor, pechos que se inflan con dificultad. En este instante me doy cuenta de que yo soy el creador de esta realidad, que este universo brotó de mi mente. Y solo yo poseo la llave de este mundo. El pecho se me infla de orgullo. Levanto la mano.

«¿Eh? ¿Sabe usted quién cometió esta barbaridad?», pregunta la Directora, abriéndose paso entre las filas. Se detiene frente a mí. Afirmo con la cabeza. Su rostro se amuebla con los rastros de una esperanza. «¿Quién fue?». «Yo», digo, con la garganta acatarrada. «¡Yo!», repito, ahora con la voz clara.

La vieja bruja se lleva las dos manos al pecho. Escéptica, niega con la cabeza. «Él fue la única gente rara que estuvo en la Dirección, sí», aporta la secretaria, acercándose con una pastilla y un vaso de agua. Todos, desde todos los ángulos del patio, se las ingenian para enfocarme con sus miradas. La Directora se tira la pastilla a la boca, toma un buche de agua. Parece que la pastilla le acaba de confirmar que sí, que yo fui el culpable. Me tira encima la brasa de sus ojos.

«De la última persona que yo podía esperar algo así era de usted, Número 29», me reclama sin aire. Se exprime unas lágrimas, que se consumen en el incendio de sus pupilas. Dice muchas cosas, todas enganchadas en el palo de la venganza. Según su parecer, yo debería caer ahí mismo fulminado por la vergüenza. Escucho en silencio, sin inmutarme, pues no estoy en ella: estoy en mi mundo, en la realidad recién creada, y esta bruja es allí apenas una de las piezas que yo he inventado. Lanza su feo rostro contra el mío, pero lo detiene a ras de mi nariz. Su aliento es de perros. «¡Dígame!», logra expulsar tras respirar con dificultad, «¿quién es usted para haberse tomado la potestad de hacer esto?». La miro sin odio, bautizado por la absoluta convicción, y respondo con voz clara: «El Prócer».

6. La calle me llama como al artista la fama

LITO & POLACO

Pude perfectamente haberme quedado en casa. No me aterra la idea de pasar toda la vida confinado en mi cuarto. Puedo existir aislado de la gente, inmóvil, con el bombillo apagado, incluso sin computadora. No me representa gran conflicto atarme las manos para ni siquiera tocar el PlayStation, ni ser marginado del soso placer de la merienda. No se me dificultaría mucho acostumbrarme a la posición de quedarme atornillado para siempre a la cama, cubierto por una manta de cobre con un hoyito para respirar. Pero esto solamente lo hago si me da la gana, no para someterme a la voluntad de nadie.

Por eso estoy aquí en la esquina. El viejo pegó el grito al cielo cuando del hocico de puerco de mi hermana brotó el chisme de lo que había hecho en el colegio. En realidad ya mamá lo sabía, pues la Directora había telefoneado la misma tarde. Pero la vieja, aunque tomó con gravedad el asunto, no montó un show patético; apenas se limitó a decir que papá me iba a partir la siquitrilla por la travesura.

No entiendo la alharaca del viejo. Reaccionó como si con el *remix* de Guanábanas el país se hubiera desmoronado. Recitó un discurso parecido al de la vieja bruja. No puede negar que se hizo bachiller en el mismo colegio, bajo la tutela de la misma arpía. Habló de la *fucking*

Patria como si se tratara de una pieza de su corazón. Me vomitó un currículo de cuánto ha tenido que estudiar y trabajar en esta vida. Lo oí con un zíper cerrado en la boca, aburridísimo, evocando a Homero Simpson: «Papá, has hecho muchas cosas importantes en tu vida, pero eres un hombre mayor, y los hombres mayores no tienen ningún valor».

Me acusó de alta traición a los valores cívicos. Ni siquiera cuando acusaron al Presidente de la República de toda clase de abusos se agrió tanto como esta vez. Está cloro que no se hubiera atrevido, porque los guardaespaldas del Presidente le hubieran explotado los sesos de haberse puesto a joder; además, el Presidente estaba lejos, a la distancia de una imagen de televisión. Sin embargo a mí me pasaba el rolo, pues me tenía frente a frente, sin guardaespaldas, desarmado. En mí sí podía cagarse en la gran puta de la maldita madre.

Mamá logró calmarlo antes de que la rabia se le subiera demasiado. Le sirvió un vaso con agua de azúcar. Informó que la Directora les había convocado a ambos a una reunión al día siguiente. Antes de meterle al líquido, el viejo ordenó mi reclusión en el dormitorio hasta que yo «hieda a ajo», o sea hasta el fin de la eternidad. Me prohibió expresamente salir a la calle «a reunirse con los malditos tígueres del barrio». Desde el cuarto, le oí echar pestes contra «el tal Lacacho», al que convirtió en chivo expiatorio de todos mis males. Mamá finalmente se las ingenió para hacer que se calmara y cerrara la bocota.

Les he contado a los muchachos el golpe de la tarde anterior. Excitados, me piden mil detalles: que si la Directora puso la cara así o asá; que si a alguna de las muchachas se le vieron los pantis al agacharse por las risotadas;

que por qué mejor no usé equis rap de Beethoven Villamán. «Yo mejor hubiera puesto la de Ñejo y Dálmata con Arcángel», opina el Licenciado, y enseguida rapea: «♩ Dile no a las drogas, pero si te piensas fumar algo, papa, me guardas si te sobra».

«¿Y no te botaron del colegio?», desentona el Aborto. No sé qué responder de inmediato. «Porque como que metiste la pata bien honda, loco», remata en medio de mi indecisión. Lacacho, que se había mantenido al margen del interrogatorio, entra en acción: «¿Y qué, maldito Citoté? ¿Qué importa si lo botan de ese colegio de *mamá's boys* y muchachas-culos-de-*corn-flakes*? ¡Eso estuvo bien!». «Yo no sé», reitera vagamente el Aborto, «para mí que la macate. Te guayate, montro».

Lacacho se quilla. Le mete un empujón tan fuerte que le tumba las guayabas que trae en la mano. «¡Te vas de aquí! Si te vuelves a acercar al grupo, te rompo la cara, mariconcito», amenaza. El Aborto recoge las frutas. Me observa con la tristeza del preso que mira un calendario. «Tú haces más cocote que estos palomos que te dicen que estuvo bien. Pero sabes que la macate, montro», repite mientras se aleja.

En la otra esquina hay un chamaco en pantalones cortos, descalzo, sin camisa, que desde hace mil años intenta colgar un par de tenis viejos en el tendido eléctrico. Le falta un tornillo. Vino a esconderse a este barrio. Hace unos meses, en la capital, asaltó a una muchacha para robarle el celular; como ella se resistía, le metió un balazo en la frente; aunque vendió el aparato, desde entonces la tipa siempre lo llama desde el otro mundo a cualquier celular que tenga el chamaco. Se cuenta que el carajo está desprogramado.

Su puntería es pésima. Los desamarra y vuelve a amarrar los cordones; apunta, falla. No encuentra manera de colocar allí su trofeo. Frustrado, los tira por el hoyo de la alcantarilla. Nosotros terminamos por desesperarnos. Siguiendo el movimiento de Lacacho, le entramos a pedradas al carajo y él termina por esfumarse de la esquina a toda máquina.

El Licenciado discute con MacGylver las estadísticas de Kobe Bryant. En realidad, MacGylver no discute: lanza frases sin sentido, aferrado a una batalla de Mega Man como está. Habla en una dirección, sin escuchar, pues sus oídos solo funcionan para captar los ruidos del Game Boy. El Menor opina que Allen Iverson juega mejor, pero abandona la acalorada disputa para contarle a Pádrax en Polvo de un nuevo virus de computadora que solo infecta a la gente con cerebro. «¿A ti te ha infectado?», le pregunta a MacGylver. «No», responde éste, con los dedos aferrados a la pequeña consola. Y estallamos en carcajadas. MacGylver no logra entender el motivo de la risa.

Yo intervengo en una u otra discusión, según el disparate que más me llame la atención. Digo que John Cena es mejor luchador que Batista. El Licenciado no está de acuerdo: asegura que la WWE no es nada sin Batista, porque tiene los músculos desarrollados. Se arman dos bandos que se gritan llaves de lucha, traiciones en el cuadrilátero, fajas conquistadas. Parecemos más una gallera que una arena de lucha libre.

Hacemos un silencio súbito para escuchar a Lacacho. Comenta con vaguedad que hace un rato estuvo limpiando el revólver. El Licenciado, excitado, quiere que se lo enseñe. «El día que lo veas», descarta el jefe, «es porque te lo tengo en la sien... Lo que verás será un celaje».

Un tíguere se nos acerca. Es de piel blanca, aunque más que caucásico parece chupado por los parásitos. Los muchachos lo saludan admirados. Me entero de que es el Writer. No lo conocía porque se había ido del barrio hace año y medio, justo antes de yo mudarme. Es el autor de esos grafitis firmados 'Wr'. Se ufana, apoyado en el azoramiento de los muchachos, de ser un gran artista. En secreto, pienso lo contrario. Su arte es primario. Siempre usó pintura negra, de brocha, la mayoría de las veces. Sus escasos dibujos son grotescos, como de un niño de primaria, aunque sus mensajes, extrañamente, casi siempre coinciden 100% con la gramática.

Viste de negro. Trae el pelo ensortijado, empapado de un aceite que, por el tufo, debe ser de cocina. Tiene los labios pintados de negro. Parece un payaso de televisor a blanco y negro. Y tiene *piercings* por todas partes: en las orejas, en la lengua, en la nariz, en las cejas, en la barbilla, en los labios, con aretes y piezas de calamina. Imagino que no puede beber ningún líquido, ya que está más agujereado que un guayo. El crucifijo en el pecho confirma que es metálico. Los metálicos son una raza amargada, que vive apartada del rap y del reguetón. El tíguere me cae mal, sobre todo por la superficialidad de su mirada, que intenta hacer pasar por misteriosa. Encaja 100% en uno de mis personajes de la Mansión Foster para Amigos Imaginarios.

Habla poco, y en ese poco ha dicho, casi como una ordenanza, que necesita el apoyo de los Fox Billy Games. Lacacho pone el grupo a su disposición. El pacto establece que el tipo va a pintar grafitis y que nosotros nos encargaremos de partirle la madre a quien intente borrarlos, sea el dueño de la pared o no. «Para que escribas todas las vagabunderías de la gente del barrio: la que pega cuerno, el que roba, el que tiene el güebo chiquito...», propone Lacacho. El tipo afirma con la cabeza.

«Y más», dice el Writer mientras se acaricia el crucifijo, «anunciar que llegó el Anticristo... el 666», y otea a los muchachos para recoger el asombro de sus rostros. Repite el 666, mirándome. Se da cuenta de que no ha logrado meterme terror. Se le apagan los ojos. «Ello hay gente que no cree», deja en el aire. Ahora informa que su nuevo arte es superior al que conocemos. Necesitará latas de aerosol, pintura blanca, paredes más grandes. Dice que también innovará con murales impactantes cada vez que un tíguere ácido del barrio muera. «Al menos ya eso es algo», digo con falsa sonrisa de entusiasmo. El Writer me corta con una mala mirada.

«Es la nueva era del grafiti, *right?*», afirma. Los muchachos se tragan el cuento. Nosotros deberemos conseguir los materiales y cuidar los murales. «En grande, loco, como hice en Detroit... Nueva York entero se volvió loco ante esos murales». «Pensé que Detroit quedaba en otro estado». Traga en seco. «Todo eso es la mima vaina», se defiende controlando su desconcierto, «en Nueva York también hay un Detroit».

Me alivia confirmar que el tíguere es un hablador. Lacacho quiere empezar hoy mismo, con un grafiti grande que diga: «Las mujeres que van al salón de belleza no sirven ninguna». El tipo le responde que todavía no, pero que el tiempo llegará pronto. Se despide diciendo que debe prepararse para una misa negra que tendrán esta noche en el cementerio. MacGylver le pregunta si podemos ir, para singar con algunas de las chicas. «Para eso hay que iniciarse primero», sermonea el Writer. Informa que pronto nos buscará para darnos la lista de materiales que necesita.

Los muchachos lo consumen con las pupilas hasta que desaparece tras un muro de la iglesia, en el que resalta un grafiti: «No hay que creer en nada. Ni en esta pared». Me visita la esperanza o la impresión de que el Writer no volverá a aparecer por aquí. Es suficiente con su obra, su persona resulta desagradable. En el cidí de nuestras vidas, su presencia es como un *bonus track* que no pasa de ser una promesa vacía.

Hablamos, armamos una pequeña Babel con las palabras. Terminamos por tragarnos la lengua. Estamos aburridos. Ni siquiera MacGylver luce animado, pues se le agotó la batería al Game Boy. El Chupi-Chupi forcejea en vano para que el Licenciado se deje aplicar una llave que le hizo John Cena a King Booker. El Licenciado propone una prueba para ver quién conoce más jutsus de Naruto. Pero hace demasiado calor y hastío.

«Tenemos una reunión de los Fox Billy Games», informa al fin Lacacho. Por eso nos hemos reunido en la casa del Menor. El Menor vive con su abuela. Su mamá trabaja en Suiza, planchando sábanas con la espalda. Le tenemos una envidia de *business class* al chamaco. La anciana lo mima y lo complace en todo. No lo jode para nada. Se baña cuando le da la gana. Le cocinan lo que se le antoje. Va a la escuela de cada año un día. Para mejoría del cuadro, la abuela a veces se desconecta y dura días en los que no sabe ni dónde tiene la nariz. Bueno, aunque en algunas ocasiones se le revoltea el juicio y se porta peor que si fuera su madre.

La casa es grande, de cemento y techo de concreto, blanca, aunque casi no tiene muebles, lo que le da un vago aire de mausoleo. El Menor nos hace pasar a la cocina. Abrimos la nevera y echamos mano a cuanta cosa de comer y beber encontramos en los compartimientos, cualquier vaina que sirva para desabollarnos el estómago. Lacacho se adueña de media botella de moscatel. «Mi abuela lo usa para preparar un mejunje», advierte el anfitrión, pero de inmediato anota: «Te lo puedes beber si quieres».

Una jeva en minifalda irrumpe en la casa dando gritos...

7. Tú sabes que tienes veneno entre las piernas
RESIDENTE

Una jeva en minifalda irrumpe en la casa dando gritos. Llegamos a pensar que la venían persiguiendo con una «chagón» para tirotearla o algo así: falsa alarma. Se trata de una rapera que grabó un tema con DJ Kontakt. Tiene par de piernas brutales. Grita que en la TV le están abriendo fuego al reguetón y al rap. El Menor pone el canal. Un pariguayo y una gordita empañan el lado interior de la pantalla. La gordita se supone que es estudiante de Comunicación o algo así, pero debería empezar por cambiarse el *feeling*. Resumiendo, dice que el reguetón es el mal del siglo y que los raperos son la encarnación musical del Anticristo.

Intento concentrarme, pero la tipa de la mini se roba mi atención. Al dejar al descuido las piernas, me enfoca con el triángulo de sus pantis. Noto que se da cuenta; pero en lugar de arreglarse la falda, sin apartar la mirada de la TV, se inclina de tal forma que contra la seda de los pantis se pinta la forma de fruta de su sexo. Imagino cómo se empaparía de gusto la mano que pueda pasearse libremente por sus piernas.

Lacacho ordena al Menor que le entregue el celular. Marca el teléfono que aparece en pantalla y me lo pasa, para que yo les dé una respuesta a nombre del grupo. Desde la pantalla me reiteran que hable, que me están oyendo. Logro reponerme al *panti-shot*. «¿Sí?», arranco en voz temblorosa, «la gordita jura que el reguetón es el Ku-Klux-Klan de la juventud… Yo quiero que ella me diga si el coronel que agarraron con el camión lleno de cocaína oía esa música… Y si el ex presidente que metieron a la cárcel por corrupto se formó con Tego Calderón…». Se me dificulta sacar las palabras. La tipa de la mini me mira fijamente mientras la mano del Menor le acaricia un pezón. Ella finge darse cuenta recién y le da un manotazo. «Identifíquese», caigo en cuenta que repiten desde la pantalla, «bueno, como no fue lo suficientemente responsable para decir su nombre, lo sacamos del aire. Su opinión no cuenta». La gordita es puesta a dar un consejo final a los jóvenes. Tú sabes, mejor debieron pedirle que escuchara un consejo de la juventud, para que aprenda a vestir, a maquillarse, a verse bien.

Ahora MacGylver recibe un manotazo de la rapera para que saque la mano de debajo de la minifalda. «¿Qué es lo que?», se queja él, «yo lo que quería era saber cuántos pelos tenías en el toto». «¡Mejor chequéate los pelos del culo, mamagüebo!», le dice ella; se ajusta la falda y se va. Sus piernas se quedan en mi mente, acariciadas por una mano imaginaria.

Lacacho me da por la espalda. «El MC Yo tiene cerebro», me felicita llevándose un dedo a la cabeza como si fuera una pistola. Fabrica una chispa de veneno en sus ojos cuando insinúa: «Se nota que se le pegó algo de los libros». «Lo malo se toma su tiempo para borrarse», alcanzo a evadir. No puedo dejar que me convierta en un ratón de biblioteca. No sería justo; no tras haberme deshecho de la jodida lectura.

Por suerte los demás carecen de la intelectualidad indispensable para entretenerse bufeando con el tema del libro. Incluso el mismo Lacacho. La sola palabra «liii-broo», tan desabrida como el papel, les aburre. «Escucha, libro: yo no te leí, tú no me leíste. Estamos en esto juntos», me susurra Homero Simpson.

Se concentran en celebrar mi llamada telefónica. Según su parecer, me sacaron del aire porque se quedaron sin respuesta. Yo más bien creo que me eliminaron porque me quedé atrapado entre las piernas de la rapera. «¿No fuera chévere que el grupo tuviera una voz femenina... para que haga los coros eróticos?», dejo caer en el aire. «Sí, para singarla después de los *parties*», apoya el Menor. «El reguetón no se hizo para mujeres», nos mata el gallo en la funda Lacacho, «sirven para fanáticas y nada más... Cantar reguetón se hizo para machos». «¿Ivy Queen?», cuestiona MacGylver. «La Queen no es una mujer: es una perra, una potra», determina Lacacho.

Ponemos música. El Chupi-Chupi trajo un cidí con lo último de Don Omar. Su papá tiene un estudio donde produce la mayoría de los discos que los piratas venden, semiocultos en mochilas, por toda la ciudad. Por eso, aunque no tiene computadora ni Internet en su casa, el Chupi-Chupi siempre está al día con las novedades del reguetón y del rap. Incluso, a veces se aparece con producciones que todavía no han llegado a las tiendas. «Cualquiera que oye a este hablar de su papá, cree que es dueño de la Sony», se burla MacGylver, repiqueteando los botones del Game Boy.

El Chupi-Chupi cuenta lo que le pasó un día que, por error, se llevó del estudio un cidí original, que aún no había sido copiado. Detalla el castigo a que le sometió su papá, sobre todo porque no creyó que el muchacho se llevó el cidí para escucharlo, sino para vendérselo a la competencia. El suplicio fue de película. El tipo lo ató por las muñecas, tomó una punta del lazo y la amarró a una viga del techo, de manera que el muchacho quedó suspendido a una pulgada del suelo. También le ató los tobillos, para que en el pataleo no fuera a pegarle una patada. El hombre empezó a golpearlo con un cable de electricidad para que confesara la supuesta traición. Luego buscó un cepillo de alambre y le raspó los pies, como si le limpiara los zapatos. Enloquecido porque el muchacho insistía en que solo se había llevado el cidí para escucharlo, buscó una cubeta de agua y se la puso debajo, de modo que sus pies estuvieran empapados. Conectó de un enchufe un extremo del cable y se le acercó, sacando chispazos, para pegárselo. Y tuvo el Chupi-Chupi la suerte que en ese preciso momento se fuera la energía eléctrica. El apagón lo salvó.

El papá lo dejó ahí casi media hora, sin ocuparse de él, y de no ser por su madre, que trabaja en la zona franca y siempre llega a eso de las ocho de la noche, todavía estuviera guindando como un puerco en la galería de su casa. Para evidenciar la historia, mostró los pies, forrados por una interminable cicatriz, y la espalda, repleta de relámpagos congelados en su carne.

Otros se animaron a contar sus suplicios, en una franca y endemoniada competencia. «Mi abuela un día me golpeó con una pantufla en la pantorrilla. Fue la única vez», rió el Menor. Al Licenciado, cuando se portaba mal, su mamá solía atarlo desnudo a un árbol seco del patio, en el que había un panal de hormigas caribes. La hermana mayor de Pádrax en Polvo, durante los seis años que su madre pasó planchando sábanas con la espalda en Aruba, lo obligaba a arrodillarse en un guayo y le ponía una pesada piedra en la cabeza y un ladrillo en cada mano, bajo la amenaza de dejarlo sin comer si perdía el equilibrio. Llega mi turno. No tengo nada para competir. Una salida puede ser inscribirme en el club del Menor y simplemente decir que en mi familia hasta la palabra golpear es prohibida. Pero no poseo la gracia del Menor. Así que le meto mano a lo que me pase por la mente. «Esa vez mi viejo me metió amarrado en una barrica, la puso por mitad de gasolina y buscó un encendedor para pegarme fuego... Si no hubiera sido por mamá, que le dio un patatús de tanto gritar, me hubiera quemado vivo», termino. El cuento ha funcionado. «¿Qué trabaja tu papá, MC Yo?», me pregunta MacGylver. «Oh, no sé muy bien... Él recibe unos dólares de Nueva York y los invierte aquí en lo que sea», me invento. «Dinero de algún capo *dominicanyork*...», concluye. Encojo los hombros. Si papá, que trabaja como visitador a médico, se enterara del nuevo oficio que le puse, me quemaría vivo en la barrica que nunca existió.

Pádrax en Polvo le pregunta a Lacacho por su mayor castigo. El jefe se da lija en la palabra «*HATE*» de su puño derecho. «Ello no ha nacido quien se atreva a ponerme una mano encima», corta en seco, y asume una actitud que significa que debemos guardar silencio.

«Tenemos que buscar otro productor para los Fox Billy Games», informa Lacacho. «¿No habías hablado de eso con el Bichote?», pregunta el Licenciado. «Lo malo es que al Bichote lo agarraron los federales en Nueva York la semana pasada. Fue a hacer un negocio de cocaína y le echaron el guante. Le cantaron siete años en la cárcel federal». Nos quedamos boquiabiertos, más bien maravillados. «¿Quién te lo dijo?», quiere saber Pádrax en Polvo. «Yo tengo mis contactos», responde Lacacho.

Nos embarcamos en pensar quién podrá invertir ahora el billete para que el grupo salga a flote. «Vamos a lanzarnos así mientras tanto», es de opinión el Chupi-Chupi. «El grupo es bueno. Desde que salgamos al ruedo, lloverán los productores». Ninguno dice nada. Todos sabemos que Lacacho no simpatiza con la idea de lanzar el grupo sin un buen patrocinio. De hecho, no autoriza que ensayemos o grabemos ni siquiera un demo. Yo podría escribir unas rimas y montar un rap en mi computadora. Incluso podríamos grabar las voces en mi propia habitación. Pero para él la inyección de billete es el paso inicial. Dice que para lanzarse primero hay que comprar ropa fina, prendas de diamante y oro blanco, blimblineo *one hundred percent*, un par de motocicletas Ninja, como los raperos boricuas de verdad. «Yo no paso vergüenza», replica Lacacho.

«Don Miguelo empezó sin tener en qué caerse muerto», vuelve a la carga el Chupi-Chupi, «y mira cómo despunta ahora. Hasta a Miami acaba de ir de gira». «Eso es él. Yo no salgo a pasar vergüenza», reitera Lacacho y, por el tono, sabemos que hay que sacarle ya los pies al tema. Se pone de pie, pavoneándose. «Apuesten a mí», se ufana, «yo soy el caballo que llega alante».

Hay una cosa que no entiendo. Si vamos a hacernos famosos y ricos con el grupo de rap, ¿cómo empezaremos? Ese pensamiento encierra en mi cerebro el abejón de la angustia; pero no me atrevo a discutir el asunto. De todos modos, ya se nos informará en qué momento conviene lanzarnos.

Antes de que se rompa la taza y cada cual se vaya a su casa, Lacacho emite una especie de veredicto: «Se va a hacer algo aquí en el barrio, algo grande, para vengarnos por todos esos rebencazos que les han dado». Veo en sus pupilas una luz rara, un brillo que tintinea en el fondo de la bola de los ojos. Es la mirada de un desprogramado. «¿Qué es?», pregunta MacGylver intrigado. «No se apuren. Yo me encargaré de decirles cómo se va a hacer y cuándo», descarga pensativo, deletreándose el puño. Se acaba la reunión. Se acaba la tarde. Vuelvo a mi encierro. Las paredes de mi cuarto son de cementerio. Vamos a darles un poco de color. Le pongo el seguro a la puerta. Con sumo cuidado despego el afiche de las tablas de multiplicar... ¡y listo! Allí está Paulina Rubio con sus piernas de oro, su cabellera dorada y un biquini rosado, tendida en la arena. Ayer imaginé que era mi tía y que me sentaba en sus piernas y me abrazaba y me susurraba al oído con esa vocecita suya que parece del fantasma de una mosca muerta.

La primera vez que salí de la Casa de Muñecas, unas esquinas antes de llegar al barrio me alcanzó Cerebrito. Había corrido desde su casa y el esfuerzo la dejó como en medio de un ataque de asma. Se apoyó en mi hombro con una mano mientras le volvía el aire. Con los pulmones reconfortados, se quedó de pie por sí misma y me miró con esa manera suya de llevarse la mirada hacia atrás.

Estuve a la espera de que dijera algo sobre lo que sucedió en el cuarto de la anciana. Pero ni siquiera movió los labios. Sus ojos tampoco parecían contener alguna información al respecto. Adiviné que podría quedarse en ese mismo silencio toda la vida.

Me entregó un rollo de papel que traía en la mano. «Ahí te manda la abuela. Dice que lo pegues en tu cuarto, para que te acuerdes de ella cada vez que lo mires». Lo desenrollé. Era este afiche de Paulina Rubio. Lo enrollé de nuevo. Miré indeciso a Cerebrito. Debo reconocer que me sentía raro, algo ansioso.

«Tu abuela», afirmé con un suave tono de recriminación, quizás para cambiarle la expresión de las pupilas. Bajó brevemente los ojos. Pero enseguida me volvió a mirar igual. «La tuya», respondió, y dio la espalda para retirarse. Observé por un instante su ropa, que era un uniforme escolar. No se veía mal. La blusa y la falda le entallaban bien. «Cuando llegue a casa, lo voy a romper», le advertí. Sin voltearse, se encogió de hombros y se alejó. He decidido bajar de Internet todas las canciones de Paulina Rubio. También estoy descargando cuantos *screen savers* encuentro con la imagen de la artista. Cuando tenga una novia, será como ella. Ah, y cantará igual, porque para entonces los Fox Billy Games me habrán disparado a la fama. ¿Quién sabe si será la misma Paulina? Esas artistas se hacen muchísimas cirugías plásticas y se mantienen jóvenes para siempre.

Paulina es preciosa. Me dibujo en las pupilas el brillo de sus piernas, el viento detenido en su cabellera, las zonas de su sexo que se estampan sobre la escasa vestimenta. ¡Ja! Pienso vagamente en las pretensiones de la anciana, con eso de que la recuerde cuando vea el afiche. ¿En qué cree ella que se puede parecer a esta estrella? ¡Loca vieja!

Cierro los párpados. Por dentro de mí caminan millones de hormigas; algunas aletean por los pasillos que se conectan con mis pulmones. Flota en el cielo, en lugar del sol, el rostro de Paulina, e ilumina con rayos de oro los rincones que se esconden tras las bolas de mis ojos. El sol se infla, me llena totalmente. Y he aquí que sus rasgos faciales mudan como calidoscopio, y el rostro se convierte en el de la anciana, y en el de la rapera, y en el de la Directora, y en el de Cocco, y en el de la orientadora, y en el de la mujer de la morgue... Levanto de golpe la cabeza, como quien escapa de una barrica de agua. Abro los ojos, respiro a golpes, aterrado por tantos rostros de mujer.

8. Envolverme en tu cerebro como serpiente
DECÁPOLIS

He vuelto al consultorio. Esta licenciada está muy pasada en la vida. O sea, es aérea, con los pies en las nubes, no entiende ni un coño esta vaina de estar vivos. Anda pasada como con setenta y cinco libras, muy por encima del peso justo que se requiere para boxear en este cuadrilátero del mundo. Y lo simpático es que tiene colgado de la pared un título de psicóloga.

Me mira fijamente. Sus ojos son grandes y duros, como bolas de billar. La intensidad de su mirada me recuerda las víboras de Animal Planet. Odio estos largos silencios en los que a mil leguas se nota que no encuentra qué preguntar.

Aparto la vista y la clavo en el diploma. No me deja de llamar la atención la «p» antes de la «s»... psi/cóloga: suena como si uno fuera a pedir una Pepsi y de pronto cambiara de opinión. Mi vieja dice que igual se puede escribir sin la «p». Pero con la «p» es mejor, pues se acerca más a la complicación mental de esta psi/cóloga.

No sé a qué retrasado mental se le ocurrió diseñar el diploma a mano; en PageMaker se hubiera resuelto de una vez. Aunque es probable que cuando esta loca se graduó ni siquiera existiera la máquina de escribir.

Es una mujer viejísima. Me doy cuenta porque se peina y viste como mi abuela. Pero esta psi/cóloga, a diferencia de la mamá de mi viejo, parece no darse cuenta de su edad. Se la pasa rastrillándose los pómulos con una brocha espolvoreada. Odio cuando hace eso. Mientras le hablo, saca de su bolso un estuchito de maquillaje y, sin dejar de mirarme, se da unos brochazos en los cachetes. Una vez producida con tanto potaje, se mira en el espejito, abre los ojos como un pescado y me vuelve a clavar la mirada, esta vez con una expresión extraña.

Cualquiera se preguntaría qué hago en este consultorio, encerrado con esta demente. Yo me pregunto lo mismo, y aunque conozco la respuesta no ceso de repetirme la pregunta. Desde hace unas semanas mamá me trae a consultarme con esta psi/cóloga.

El asunto empezó cuando mi viejo se entrevistó con la Directora. La vieja bruja se plantó en que bajo ningún concepto me permitiría volver a sus aulas. Agotados sus razonamientos, el viejo, según le escuché contarle a mamá en el aposento, le habló de cierta hipoteca que estaba a punto de vencer en el banco que gerencia un tío de él. Entonces la Verduga tragó en seco y entró en razón. Pero, para no perderlo todo, puso como condición que yo fuera tratado por la orientadora del colegio.

Allí empezó el novelón. La orientadora del colegio es hija de la Directora, quien se ufana de «haberla graduado» de licenciada en Psicología Escolar. Posee una cara seca, como una semilla. Jamona ella, se viste horrible, con un traje sastre que parece heredó de su madre, y posee una imborrable expresión de niña boba en el rostro. Su escritorio está lleno de fotos en las que aparece abrazada a medio millón de muñecas. Tú sabes, la tajalana trabaja aquí porque es el colegio de su mamá.

Tenía que ir donde la orientadora durante los recreos. La cara de semilla, que se la pasaba cambiando las fotos de marco, se limitaba a ponerme a leer algún relato de autoayuda. Cuando terminaba, me hacía glosar el relato y, tan pronto sonaba el timbre para retornar al curso, me recomendaba reflexionar sobre la lectura. En eso duramos casi dos semanas. Después la orientadora se reunió con mi madre y conmigo en presencia de la Directora. Informó que su trabajo había concluido, pero que yo requería de una terapia «más profunda». Y así vine a parar en el consultorio de esta maldita psi/cóloga.

La Verduga guardaba silencio, aunque refrendaba con un dejo de orgullo todas las observaciones de la brujita. Yo conozco a mamá y, por la expresión de su rostro, pude adivinar que le caían como una piedra las opiniones de aquel tándem. Pero no había de otra.

Cuando la caresemilla terminó, mamá contempló las fotos sobre el escritorio. «¿Son suyas todas esas muñecas?», preguntó con falso entusiasmo. La orientadora respondió con orgullo que las conservaba todas; incluso le señaló la primera que le habían regalado los Reyes Magos, cuando tenía seis meses de edad. «¿Y cómo se llama?», inquirió mamá. «Llilla», dijo emocionada, y ante cada pregunta, seguía contestando: Quica... Matilda... Fifí..., muy aplicada, mientras la Directora observaba la escena con el rostro duro como una tabla.

Mamá me hizo una seña para que me pusiera de pie. Cuando salíamos de la oficina, la orientadora le preguntó ansiosa: «Y usted, ¿también conserva todas sus muñecas?». «No... Yo dejé eso atrás cuando cumplí los trece años», respondió mi mamá, y la borró de nuestra presencia al cerrar la puerta.

Luego empecé a consultarme con la psi/cóloga. Dos veces por semana. $$$ cada consulta. Si me dieran a mí ese efectivo, viviría como un príncipe, no tendría ni que ir a ese maldito colegio a complicarme la vida. Una vez leí que una familia promedio gasta en los estudios de un hijo, de por vida, más de lo que ganaría de por vida el hijo una vez que pusiera en práctica la profesión que le suministrarán esos estudios. ¿Por qué mejor no nos dividen ese dinero en mensualidades? Falta de cálculo, ganas de joder. En una de las primeras sesiones, la psi/cóloga me entregó unas cartas con figuras de animales. Tú sabes, león, cerdo, delfín, zorra, caballo... Luego me mencionaba un nombre de persona y yo debía entregarle una baraja con la figura que, para mí, simbolizara. Mamá: delfín. Papá: león. Mi hermana: cerdo. La Directora: zorra.

En medio del juego, me miró intrigada. «¿Qué figura me simboliza a mí?», inquirió. Repasé en mi mente todas las imágenes. Pensé en algo así como un burro o un dinosaurio. Pero preferí meterle mano a la inteligencia. «Es que no hay ninguna baraja con una sirena», me excusé con fingida candidez. Sonrió con muchísima vanidad. *Claro*, pensé para no sentirme mal, *sirena: de la cintura para abajo una tilapia, y de la cintura para arriba una mujer tan fea como ella.* «¿Y qué figura simboliza a Lacacho?», preguntó con muchísimo veneno en las palabras.

Se le ocurre un disparate nuevo en cada sesión. Y hace silencios muy prolongados, que define como «espacios vacíos para la reflexión». El asunto es completar una hora para cobrar su dinero. «Bla, bla, bla... Tengo anotado aquí que leías hasta tres libros por semana...». «Mi mamá ha leído mucho también», le digo con desgano, «en casa hay setenta y cinco cajas y media con los libros que ha ido acumulando». «Según tu madre, los has leído casi todos». «Menos los que están en francés», aclaro. «Hummm... ¿Y son libros con muchos dibujitos?». «No», la corto en el aire, y repliega el labio inferior en un gesto de contrariedad. Queda pensativa, al menos hasta donde es posible que una cabeza tan bruta pueda pensar. «Yo también he leído muchas obras literarias». Le escucho nombrar los libros que afirma haber leído. Increíble: no pasan de una docena, y al llegar al último la tipa se asombra por considerar que son muchos.

Este personaje es tan disparatado, que hace dos sesiones lo incorporé a la Mansión Foster para Amigos Imaginarios. Allí existe dividida en dos y con las partes unidas por una cuerda. Su rostro deforme es una paleta de maquillaje. Y cada cinco palabras tira por la boca un objeto de vanidad.

La psi/cóloga no sabe inglés. Lo descubrí por casualidad en la primera cita, cuando al responderle con una frase de Green Day ella se quedó en Babia. Le pregunté si sabía inglés, y afirmó diciendo que había recibido cinco materias en la universidad. Le dije: «*Do you talk enough English or a little bit?*», y se empantanó en la mudez hasta que forzó un cambio en la conversación. Desde entonces de vez en cuando aprovecho para tirarle algunas frases venenosas que no entiende.

Hace un momento me quedé observándola, tratando de adivinar qué, aparte de cáscara de maní, habría en su cerebro, y me brotó un susurro en voz alta: «♫ *I wanna use you and abuse you. I wanna know what's inside you*», citando a Marilyn Mason. «Esta consulta es en español», me cortó, como suele hacer en estos casos, sin haber entendido ni un coño.

Ahora revisa sus anotaciones. «Bla, bla, bla», continúa, porque siempre inicia los parlamentos con un bla,

bla, bla, según ella para romper el hielo. «Bla, bla, bla...
También dijo tu mamá que escribes excepcionalmente
bien, con una madurez de adulto». No quiero intervenir
en esta parte. Más bien me avergüenza que ese tema se
haya colado. La oigo como quien oye llover. Con gusto
le metería una pedrada en los dientes para que cambie de
conversación... En realidad me gustaría partirle la boca
de una pedrada aunque estuviera callada.

Debo reconocer que por momentos no es tan insoportable. Son los instantes en que logro ponerla en *mute*
y, mientras aletea los labios, busco alguna emisora en la
radio de la memoria. A veces sintonizo al Residente: «♫
Yo presiento que hay una *fucking* bomba de tiempo en mi
asiento... ¿me siento o no me siento?», o a Eddie Dee:
«♫ Se creen que ganan mucho al aconsejarnos, sin saber
que ganarían mucho más al escucharnos». Pero son instantes muy breves. La perra me hace interferencia en el
dial, porque tiene unas baterías cargadas en el infierno.

Retoma lo que llama «línea conductual del reguetón». En esta «línea» nunca logro entenderme con ella, por
más «cotorra» que me da sobre el asunto. Así que me limi-
to a tirarle fragmentos sucios de The Doors o Snoop
Dogg en inglés. Cuando intento saber qué reguetones ha
escuchado, levanta el mentón ofendida y me dice que no
maltrata sus oídos. Está cloro que no he logrado explicarle la diferencia entre el rap y el reguetón. Para su mierda
de cerebro, son la misma cosa. «Mi tiempo vale demasiado para perderlo escuchando basura negativa», alega siempre, para enseguida repetir que hizo un curso de terapia
musical, así como que leyó un artículo sobre el tema.

«¡Vamos a solucionar esa fijación auditiva, criaturi-
ta!», dice, con la expresión de quien acaba de encontrar la

fórmula del agua tibia. Avanza hacia una mesita repleta de velones aromáticos apagados y oprime el botón de una casetera. Mueve los brazos al ritmo de la música. Se nota que no sabe bailar. Del radio parece filtrarse un té de hojas amargas que se disuelve en ondas hertzianas. «¿Quién es?», finjo interés. «¿Verdad que te gusta? Es un tesoro escondido que utilizo en mis terapias... Su nombre es Raúl Di Blasio... Tengo otro que se llama *Los violines de Pego*, para otra clase de terapias».

Como si fuera una gran cosa, informa que me va a prescribir esa música. Saca una copia de la gaveta. Deberé poner la cinta cada vez que sienta el impulso de escuchar reguetón. Esta cloro que ni loco me sometería al suplicio de darle oídos a esa vaina. Además, los aparatos de tocar casetes casi no se usan, de manera que será difícil conseguir uno prestado. «¡Eso es todo por hoy!», anuncia. Y hace llamar a mi vieja, para darle detalles y, por supuesto, pasarle la cuenta.

«Deja ver qué tenemos aquí», dice mamá mientras se acomoda frente al volante del carro. Destapa el sobre que le entregó la psi/cóloga. «¡Raúl Di Blasio...!», exclama sorprendida. «Raúl Di Blasio...», susurra para sí, agitando el casete como si fuera una caja de pastillas. «¡Vaya... RD$300 por una cinta de Raúl Di Blasio!», repite como asimilando. «Bien, empecemos a oír a Di Blasio, hijo mío...». Enciende el motor e introduce la cinta en la casetera del carro. Siento el impulso de hacerle una advertencia, pero me contengo. Esa casetera está descompuesta desde hace años; más bien funciona como una máquina trituradora. Lo curioso es que mamá lo sabe mejor que yo.

9. Estoy en la calle, permanente, como un tatuaje
JUDINY

Desde la esquina escucho desgañitarse el timbre del colegio. Volteo instintivamente el rostro y mis ojos rebotan en el largo paredón tipo fortaleza que encierra a los estudiantes. Alcanzo a Lacacho y avanzamos calle arriba. La ciudad es nuestra, al menos por cuatro horas. Siento un ligero temblor, fruto de la fascinación o del temor. Es la primera vez que me escapo del colegio. Aunque esto no es un escape: simplemente hoy salí hacia el colegio y viré el rumbo para irme a andar con Lacacho.

No me pierdo de nada. El profesor de Matemáticas es más enredado de la cuenta. La profesora de Español recién descubrió que su apellido llevaba acento en la primera sílaba; el descubrimiento, fruto de una observación que le hice en medio de la clase, me costó varios puntos. Está demostrado que la estúpida que imparte Literatura no ha leído ni siquiera las obras que se citan en el manual. La profesora de Religión parece que dirige una hora santa. El tipo que nos da Historia ni sabe de un Leif Erikson que estuvo en América.

El profesor de Deportes, que ya han tenido el gusto de conocer, es más un muchacho de mandados de la Directora. Y la *teacher* de Inglés... si la oyeran, es incapaz de establecer una conversación fuera de las que aparecen en las lecciones, y pronuncia el inglés con un cómico acento hindú. El instructor de Informática asegura que los disquetes de polivinilo son superiores al cidí. Y qué decir del profesor de Química, cuya única virtud es saberse la tabla periódica de memoria, y en la práctica de la semana pasada por poco le pega fuego al laboratorio. Dejemos el colegio. Internémonos en la ciudad. Es la primera vez que la recorro en horario de clases. Ningún profesor me va a echar de menos en el aula. Para mi buena suerte, desde hace unas semanas no les importo un coño. A la Directora, salvo cuando me meto en litigio con los profesores, le da igual lo que hago. Si nota que no estoy, no se preocupará. Luego del Reguetonazo, desmitificó mi figura de patriota. Para ella volví a ser simplemente el Número 29. Ni siquiera llamará a mi casa preguntando el motivo de mi ausencia.

En realidad mi deserción produce un alivio en doble vía.

Más podría ser echado de menos por los estudiantes. Creo que acumulé algunos puntos entre ellos. No una cosa así que digan qué bruto, cuántos puntos se ha ganado este pedazo de animal, pero al menos han dejado de verme como al tipo a quien la varita de bruja de la Directora convirtió en un bicho raro. Todo desde la vez que cambié el cidí del Himno Nacional.

El día que retorné del exilio escolar, todos se sorprendieron al verme camino al aula. El pasillo entero, sin excepción, estuvo atento a mi entrada. Nadie parecía respirar. He grabado la escena en mi memoria. Tras haberla editado, la repaso en cámara lenta, con un solo de oboe de fondo, todos en atención y haciéndome el saludo militar. Ya ninguno me veía con sorna. Me seguían llamando «El Prócer», pero sin la reticencia de antes. Ahora me nombraban con admiración, pues yo era la ocurrencia que a

ellos les faltaba y el par de cojones que la naturaleza les
había negado. En suma, yo era su héroe. El único que, para mi sorpresa, actuaba desconociendo mi valor era el Número 15. Desde que me vio entrar por aquel pasillo me observó con desprecio y se escabulló en el aula. Me saludaba solo cuando era necesario, sin mucho interés. En el Messenger, cuando lo encuentro en mi lista de contactos conectados, ¡zas!, se desconecta.

Yo creo que me cogió envidia. Aunque la idea original fue suya, sin duda lamentaba no haber tenido el coraje de protagonizarla. Su nombre no aparece en la gesta del Reguetonazo, primero porque no está supuesto que así sea y, segundo, porque mi misión no es chotear a nadie. Además, si quería que su nombre se relacionara con el hecho, debió asumir su parte de culpa con valentía, como hice yo.

Aquella vez en el patio, cuando la Verduga cruzaba entre las filas como perra de cacería tratando de hincarle el diente a un culpable, el miedo se podía olfatear en el aire. También debe sumarse que el tormento del sol recaía sobre todos, que se sabían inocentes. Por eso, cuando levanté la mano y asumí valientemente mi culpa, los liberé del castigo. Eso me elevó ante ellos a la categoría de héroe. Se ponían a mi disposición para cualquier mandado. Estaban pendientes de mis gestos. Incluso no faltó una que otra chica que me hiciera llegar notitas —anónimas, como es de mal esperar— en las que se arriesgaba a reconocer alguna simpatía por mi persona, y para ello usaban como mulas a los varones del colegio.

Entramos a un pequeño restaurante. Llevo algo de efectivo. Cuando supe que en vez de ir al colegio me iría a andar con Lacacho, realicé un retiro de mi alcancía. Tengo con qué pagar una pizza o algo semejante. Tomo una mesa al fondo. Mi amigo se sienta frente a mí. Un mesero nos alcanza y nos entrega a cada uno un menú. Se retira con mala cara. Le tiro el ojo a los precios. Efectivamente, puedo pagar sándwiches o una pizza, también refrescos.

Lacacho pasea los ojos por el menú. Más bien parece que analiza el material de que está hecho, a juzgar por la manera en que lo vira de un lado para otro. Algo no le gusta de lo que ve allí, tiene el ceño fruncido. Pasa un rato. El olor de la pizza inquieta mi estómago. De la cocina el aroma sale en forma de una mano imaginaria que embarra en mi nariz el queso, el pepperoni, el tomate, el pollo, el maíz, el jamón. Estoy haciendo cocote con una pizza cuya circunferencia sea la del globo terráqueo, suficientemente grande para desabollarme el estómago. Pero prefiero esperar a que Lacacho seleccione lo que vamos a comer. De todos modos, no me caería mal un sándwich de pierna de cerdo, o cualquier cosa.

El camarero se acerca a la mesa a tomar la orden. Me observa y yo miro a Lacacho. «¿Qué desea ordenar?», pregunta. Mi amigo no responde. Permanece internado en el menú como si fuera una pared de jeroglíficos. El mesero se retira fastidiado. Nos otea desde un extremo del mostrador. La situación me parece incómoda pero como Lacacho no reacciona, me mantengo al margen. Regresa al cuarto de hora. La misma escena. Retorna dentro de otros diez minutos, ahora con una actitud nada pasiva.

«Yo no tengo todo el día», advierte, y apoya la punta del lapicero sobre la libreta. Mi amigo parece descubrirlo por primera vez. Lo mira en silencio. Veo sus ojos, los leo, y entonces me doy cuenta de lo que sucede: ¡Lacacho no sabe leer! Por eso le da vueltas y vueltas desde hace un rato al menú sin saber qué hacer. Y es más: parece que nunca antes había estado en un lugar donde la comida se pida por menú. Este descubrimiento me inhabilita. Ahora sí es verdad que no puedo intervenir; una torpeza podría revelar lo que he descubierto.

«O piden o se van... ¿No será que andan sin dinero?», pregunta sin respeto el camarero. «¡Este negocio no es para que nadie venga a velar a los clientes!». Ante esta acusación mi amigo reacciona quillado. Le grita que llevamos en el bolsillo con qué comprar el restaurante completo. Me consta que él anda sin un centavo y que yo no tengo con qué pagar más allá de una pizza y unos refrescos. Pero mi intervención no tendría caso. Los dos se han puesto a discutir agriamente, hasta que el camarero nos exige abandonar el local.

Entonces Lacacho guarda silencio. Con dignidad se pone de pie y mira al tipo en son de amenaza. «¡Vámonos!», me dice. Y yo le sigo sin decir ni media palabra. Pero he aquí que cuando vamos llegando a la puerta, mi amigo patea cuantas sillas y mesas quedan a nuestro paso. El mesero salta sobre nosotros, pero no logra agarrarnos. De nada le servirá correr. Somos mucho más rápidos.

Detenemos la carrera cuando nos sentimos fuera de peligro. Los pasos nos han llevado a un vecindario de gente adinerada. Dando rienda suelta a su furia, Lacacho va pateando puertas de hierro y barricas de basura. Yo le acompaño en la furia, aunque es indudable que mis gestos no alcanzan la misma satisfacción que le producen a él. También estropeamos los jardines que nos brindan acceso.

Estamos sentados en una esquina, bajo la sombra de una pared. No hemos intercambiado palabra desde que abandonamos el restaurante. Bueno, yo intenté motivar un par de conversaciones, para meterle punzón al hielo, pero no conseguí nada.

Me pregunto vagamente qué hacemos rondando por la ciudad. Lacacho me había dicho en la mañana: «¿Qué vas a hacer en la tarde, montro?», y yo, tomado de sorpresa, le respondí «Nada. ¿Por?», aun a sabiendas de que me tocaba ir al colegio. «Para que demos una vuelta por ahí», completó en tono imperativo. Y yo me encargué de hacer todos mis arreglos para «dar una vuelta por ahí».

Se pone de pie repentinamente. «Vamos al Reformatorio», dice y, como es natural en él, toma la delantera. Lo sigo un poco temeroso. ¿Qué vamos a hacer allí? Sé que un hermano suyo está preso en el Reformatorio; de hecho, entre los Fox Billy Games, el Manso, que es como se llama, constituye un paradigma en tanto posee lazos de sangre con el líder. Aparte de mí, estoy seguro de que algunos de ellos han soñado despiertos con haber acompañado al Manso en sus correrías, incluso con haber cogido cárcel junto a él.

En ningún momento Lacacho me había indicado que iríamos a visitarle. Le sigo en silencio. Ir a la cárcel, aunque sea la de menores, no deja de ser un mérito apreciable. Más aún si va uno a visitar a un tipo con fama de no detenerse ante nada. Si los compañeros del colegio se enteraran, duplicarían sus ganancias al vender las acciones que tienen invertidas a mi nombre.

Al fondo de un solar baldío, forrado de yerbas quemadas por el sol, se levanta el edificio del Reformatorio. Está pintado de gris. Lo había imaginado rodeado de

guardias con cascos y chalecos antibalas, rostros pintarra-
jeados, armados de metralletas, y protegido con cámaras
y dispositivos electrónicos de seguridad por todas partes.
Me estremece la vergüenza al comprobar que lo había imaginado como en las películas.

Es un edificio de contextura para nada poderosa,
construido sobre el modelo de cualquier escuela pública.
Su apariencia es deprimente. Está rodeado por una verja
metálica oxidada. Su exterior lo vigilan dos o tres policías fuera de forma, barrigudos, con uniformes desarreglados, cuyo desgano y despreocupación denuncian que
no les produce ninguna emoción estar asignados a aquella cárcel.

Nos acercamos al portón. Uno de los policías se nos
aproxima. «¿Qué desean?». Lacacho se reclina contra la
verja de la puerta y, en tono de confianza, le dice: «Tú sabes, venimos a ver al Manso». El tipo nos escruta frunciendo el ceño. «Son dos menores. No pueden entrar sin
un familiar que tenga cédula. ¡Circulen para otro lugar!».
«Andamos con efectivo», le guiña mi amigo.

El policía se llena la panza de aire, lo lanza de una
bocanada y se muerde los labios con impotencia. Hace un
aparte con otro policía. Ese otro se desentiende enco-
giendo los hombros y haciendo un movimiento negativo
con la cabeza. El policía retorna a la puerta. «Hoy no les
puedo dejar entrar», confirma con cierto aire de frustra-
ción. «La gente del patronato del Reformatorio está aquí,
en una inspección».

Sin embargo, se escarba el cerebro, literalmente se
escarba el cerebro con los dedos, en busca de alguna excusa para dejarnos entrar. Inútil. No se puede hacer nada.
«Bueno, tú te lo pierdes», le dice con tono desinflado mi

amigo. «Déjate caer con algo de dinero ahora y mañana los dejo pasar». «No», responde Lacacho. Emprendemos la retirada. A los pocos pasos nos asalta la voz del policía, que ahora tiene el rostro pegado contra la verja. «Déjame algún dinerito para tu hermano, que se está muriendo de hambre». «Que se muera», contesta mi amigo, y percibo los huellas de la amargura en estas palabras. «Al menos dame algo para los cigarrillos», implora en un intento final, pero Lacacho se deshace de él tirando al aire un manotazo con desprecio.

Caminamos sin rumbo hasta morder con los pies el asfalto del barrio. Sigo a Lacacho sin preguntar, hasta que nos detenemos en su casa. Nunca había estado allí. La pintura de las paredes se desprende como escamas. Al sentarme en un sofá, se levanta una nubecilla de polvo. Los alambres del armazón amenazan con clavárseme en el culo.

La casa parece abandonada. Un teléfono cortado, una estufa sin gas y un televisor con la pantalla rota, lustrados por la polvareda. Los aposentos lucen oscuros. No percibo ningún olor, como si me encontrara ante el pellejo de un animal muerto hace muchos años. Mi amigo sale por la boca oscura de un aposento. Se ha cambiado los tenis. «¡Vámonos de este cementerio!», ordena, «esta maldita casa no está a mi nivel».

Lacacho está triste. Le apaga el ánimo no haber podido ver a su hermano, aunque sé que no lo admitirá. Tampoco debo pasarle ninguna palabra de aliento. Es un chamaco siempre taciturno. Yo soy la única persona a la que guarda respeto. Ha sido así desde los primeros días en que me mudé al barrio. Claro, en un principio me trataba con la crueldad y la descortesía que trae inyectadas en la sangre. Pero sucedió que un día fui testigo de un encontronazo entre él y su madre.

No llevábamos ni dos meses en el barrio cuando mi mamá me condujo a un salón de belleza que quedaba a unas cuadras de casa. El lugar ya no existe, desde que la policía lo cerró debido a que la propietaria despellejó allí mismo a su marido con una olla de agua caliente. Pero eso no es lo que viene al caso. El asunto es que mi madre me llevó al lugar para que me cortaran el cabello. El salón estaba lleno de gente. Llamaba la atención una señora que tenía un cigarrillo en la boca, una botella de cerveza en la mano y la cabeza metida en la secadora.

Entonces Lacacho entró al sitio y le pidió veinte pesos. Por la discusión supe que aquélla era su madre. «¡Vete a trabajar, maldito vago! ¿Tú tienes que venirme a pedir lo mío?», repetía la mujer, mientras el muchacho le espetaba en el rostro cuantas malapalabras se estacionaban en su mente. «Ponte a joder, asqueroso. Si apuestas contra mí se te pela el billete... ¡A que te mando al Reformatorio, igual que a tu hermano! El drogadicto ese le quemó la casa a la abuela porque no le quería dar dinero para el vicio...».

Lacacho, furioso, se apartó hacia la puerta. La mujer, tras pegarse un largo trago de cerveza, se puso a abuchearlo. Enseguida dirigió sus palabras a las clientas del salón, en tono chistoso. «Yo he parido siete muchachos y me arrepiento siete veces siete por cada uno. El primero se llama "La Puntita", porque era dizque la puntita nada más que me iban a meter», informó, ante la risotada de las mujeres. «Otro se llama "Brugalita", porque yo tenía una borrachera de Brugal cuando me acosté con el papá. El que está preso se llama "El Rompío", porque el condón se rompió cuando me lo tenían adentro. Y a ese desgraciado —dijo señalando con la punta del cigarrillo a Lacacho— le llamo "Aborto Criao", porque no me valieron los mejunjes para abortarlo».

Mientras ella amenizaba con su testimonio materno, el hijo se desgañitaba con un tema de Tempo: «♪ Conozcan otra parte de mí, otra forma de vivir, este es mi estilo de vida, digan lo que digan, tú eres un infeliz. ¿Crees que puedes contra mí? ¡Oye, cabrón, *you can suck my dick!*», y al vociferar la última parte de esta estrofa señalaba a la madre y de inmediato se apuntaba el güebo con el índice.

Recuerdo que mamá, calladamente escandalizada con el testimonio, apuraba a la peluquera para que terminara de cortarme el pelo. Temblorosa, se acercó a mi oído y me susurró: «Tú eres "Mi Amor", porque te tuve con muchísimo amor». Pero en realidad me interesaba más seguir escuchando la disputa.

Lacacho logró apagarle la voz a la mujer con una gritería a ritmo de Tempo que se oía en toda la calle: «♪ Voy a comprar condones y voy a clavarme a Lito en cuatro. Mientras me clavo a Lito le doy dedo por el culo a Polaco, que a gritos me pide que le siga dando a quemarropa, que cuando vaya a venirme me le venga en la boca. *Suck it!*». La mujer amenazó con lanzarle la botella y Lacacho dio un salto. Al reponerse, se dio cuenta de que yo estaba allí. Me clavó los ojos con expresión de náufrago. Entonces dio una patada a la puerta y se marchó.

«¿Oyeron lo que me estaba cantando ese mal parido?», preguntó con asombro la mujer. «Ese es el famoso reguetón», dijo como si se enjaguara la boca con meados la peluquera. Se callaron de golpe cuando una camioneta pasó frente al salón con un volumen tan alto que casi hizo temblar los potes de champú y por poco destroza los espejos: «♪ ¿Quién le da a comer espinas a su hijo esperando que se ahogue con el pan que se ha comido? ¿Quién le da hielos a su hijo pa' que masque, esperando la aguadita para darle jaque mate?», restalló la voz energúmena del Mexicano, con un *flow* aperísimo.

Las mujeres retomaron el panel solo cuando la camioneta se alejó varias cuadras. «Esa música es lo que está dañando a los muchachos», opinó una clienta, con el pelo atrapado en unas tenazas. «Yo no sé dónde irá a parar esta juventud con el mal ejemplo de esa música», retomó la madre de Lacacho, mientras se dejaba deslizar, espuma incluida, el último trago de la cerveza.

De camino a casa, mamá y yo vamos pensativos. «Eso que escuchaste en el salón es un desatino», dice, como tratando de subirme la moral. Pero yo no tengo en mi mente nada de eso. En el cajón de mi cabeza flotan los ojos de Lacacho cuando se dio cuenta de mi presencia en el salón. Su mirada fue brevísima, pero cargada de sentido. Me dijo, en ese corto tiempo, *coño, montro, esta mierda soy yo, de esa basura vine al mundo, ¿me entiendes?, esta porquería soy, ahora lo sabes, pero nadie más debe saberlo, ¿me entiendes? ¡Nadie más!* Y el ruego de su mirada fue aceptado por la mía, que le respondió *no te preocupes, pana, eso no pasará de aquí, será un secreto de dos.* Ese episodio selló mi amistad con Lacacho.

Nos separamos al entrar al barrio. En el preámbulo del crepúsculo ha quedado el restaurante, nuestro paseo por la ciudad, el Reformatorio. Son cerca de las seis de la tarde. Doblo la esquina para llegar a casa y... ¡tarán! He aquí que en la puerta me aguarda un comité de bienvenida integrado por papá, mamá y la Hocico de Puerco. Ninguno tiene cara de buenos amigos.

Bonus Track. Los que queman el lápiz y le sacan fuego. DADDY YANKEE

El barrio lucha por sobrevivir a la mañana del sábado. Es un milagro que contra todos los vaticinios las cosas sigan eternamente en su sitio. Desde mi ventana veo la gente; ninguno se da cuenta de que su paso lento se debe a tantos días muertos sobre sus hombros. Las casas duermen su sueño de piedra. El sol sigue ahí arriba, pues jamás se harta de alumbrar lo que solo merece penumbra. Ha de ser estúpido el sol: debería irse a calentar otros países, a otras personas que merezcan su luz.

He decidido escribir unas canciones sobre este universo podrido en que vivo. Le saco punta al lápiz y lo froto contra el papel, con energía, para que coja candela; porque no quiero rastros de grafito: deseo registrar las huellas del fuego. Me voy más allá de la palabra vieja, lápiz arriba, con las voces de 3 Dueñoss: «♫ Cuando la fonética se pone explícita y luego la gramática se vuelve ilícita». Así me entretengo en algo, mientras dura el fin de semana de mi encierro. Supongo que tanta gente inútil, tanta basura, tanta cotidianidad sin sentido al menos deben servir para engordar algunas canciones.

Estoy condenado a un fin de semana en la ergástula de mi cuarto. Tengo prohibido usar la computadora, la televisión, el PlayStation y el radio. Es un suplicio calculadamente cruel que me extrae del presente, me lanza al vacío del tiempo y me convierte en una criatura del siglo 18. Todo por la asquerosa, estúpida, chismosa, chivata, lengüetera, papelera, nalgasucia, lambona, tortillera, macagrano, chupamedia, hija de la gran puta Directora. Cuando llegué de mi paseo por la ciudad, me encontré con el comité de bienvenida formado por los viejos y la Hocico de Puerco de mi hermana. La expresión de sus rostros anunciaba que iban a joderme. «¿Qué es lo que?», pregunté en medio de un carraspeo. Todos se mantuvieron en silencio por espacio de dos eternidades y media, hasta que mi hermana dio un paso adelante, me pasó una hoja de papel y dijo: «Mátate tú mismo». Abrí la hoja. Era una nota escrita a máquina. Esa impresión inicial me dio a entender que la vaina iba en serio, porque las letras de molde siempre dan una idea de gravedad. Tragué aire seco. Era una carta del colegio:

Estimados padres y/o tutores:
Cortésmente le notificamos que su hijo no se presentó hoy al colegio a cumplir con sus deberes escolares. Con suma y profunda preocupación fuimos debidamente enterados de que, no obstante, salió de su casa para este plantel (e*n ese cabrón instante levanté los ojos y los enterré en la Hocico de Puerco, que frunció los labios con altanería*. Mías las cursivas). Sin embargo, desconocemos qué motivos le llevaron a ausentarse y a reducir los puntos de sus calificaciones en las diversas materias escolares. La presente se les remite en el sano interés de que tomen ustedes los correctivos de lugar. Ya nosotros, como educadores, hemos tomado por aquí los nuestros.
Atentamente,
Licda. Cirila Ruiz Vda. Smeter
Directora

Postdata: Aprovechamos para recordarles que la semana que viene son los cobros de la mensualidad del colegio.

Pero ese no es todo el rollo. El mal nunca viene solo, y en eso supera al bien, que siempre anda en soledad con un egoísmo tajante. No, el mal nos llega en grupo, en una cadena bien disciplinada. Sucede que la caresemilla hija de la Directora me vio en el Reformatorio cuando me alejaba con Lacacho. «¿Pero aquél no es el Número 29?», dijo haciéndose una visera con la mano, según le contaron en el colegio, y consecuentemente contara a mis viejos la Hocico de Puerco.

¿Qué podía hacer para defenderme ante estas evidencias? Me entregué estoicamente a las disposiciones del destino.

La decisión de mi encarcelamiento había sido tomada antes de que asumiera mi defensa. Por eso estoy aquí, en un fin de semana que sin duda será muy largo. Veo el barrio como un preso contempla la ciudad desde una claraboya, tan lejana y cercana a la vez. La ventana de mi cuarto es un telescopio enorme. Desde aquí puedo observar el gran laboratorio del mundo. «¡Soy una bestia! Todo humano me es ajeno», grita desde la pared de la esquina un grafiti. Los grafitis son páginas de un libro que permite leer la ciudad. Te dicen lo que hay, lo que se mueve, lo que se piensa, lo que no se dice. Sin verborrea, de corazón, palabra pura.

Cierro los ojos y trasplanto el hongo de la bomba atómica a estas calles. No les sentaría mal. Hasta se verían históricas, de película. Volarían mansos y cimarrones, el pulpero, el dueño de la farmacia, la vieja que lee la taza, los puntos de droga, el evangélico de la esquina... ¿Cómo habrá sonado el hongo, no la bomba, en el instante de abrir su sombrilla sobre la humanidad?

Si pudiera encender la computadora, mezclaría los *beats* para mi lírica. Sería un éxito en la radio. Hay una web con buenos efectos de sonido. Necesitaría el de un AK y el de los casquillos de una Uzi. También el chirriar de una carreta y los disparos de una pistola 45. El *beat*, bien mezclado con los efectos de sonido, me permitirá darle un perfil más realista y venenoso a esta realidad.

Toda esta basura barrial, adecuadamente sublimada, puede elevarse a la cima del universo. Y ese es el valor que tiene la música: el de enaltecer las miserias. Por ejemplo, cuando mi rap se grabe y se convierta en un éxito en la radio, la gente del barrio lo va a corear, lo va a perrear con placer. En medio de su regocijo dirá «Sí, es cierto, esos somos nosotros», abrazados como borrachos en Año Nuevo, emocionadísimos, y seguirán bailando y cantando sin detenerse a hacer cocote en que más allá de la sublimidad de la música, ellos siguen siendo la misma mierda que dio origen a esta canción.

10. La fábrica de Marlboro me quema los nervios
DON MIGUELO & EL MESÍAS

Hay colillas de cigarrillo por todo el piso. Ceniceros llenos. Cajetillas de Marlboro estrujadas por todos los rincones. Palitos de fósforos que rematan en un punto negro por todos lados. Rastros de ceniza sobre la felpa gastada de los muebles. Y un olor acre, de humo encerrado por siglos entre las paredes de esta casa.

Las muchachas están reunidas en la sala, despatarrada una, otra sentada en la ventana. Hay dos más recostadas en el sofá, en sentido opuesto, acariciándose los pies. Cerebrito está en el área de lo que debería ser el comedor, escribiendo. Todas tienen cigarrillos y el humo se mezcla en una nube que llena todo y dificulta respirar; prácticamente hay que abrir un hueco en la masa del humo para meter la nariz y obtener un poco de oxígeno.

Los Fox Billy Games llevamos un rato allí. Habíamos ido al entierro del tecato que la policía cocinó a balazos. Lo pusieron contra la pared. Le quitaron la coca y la funda del efectivo. También le arrancaron el crucifijo, porque era de oro. Entonces lo fusilaron de espaldas ahí mismo, sin ningún orden: uno disparó primero y los demás le siguieron. Se dejó matar por tacaño. Siempre tenía una excusa para no soltarle su par de pesos a la policía. Era un mal ejemplo para el negocio, por eso lo explotaron.

El cortejo iba franqueado por una camioneta con bocinas que hacían temblar el asfalto. «♫ Mando una carta al gobierno central: no tiren piedras si su techo es de cristal...», cantábamos todos a coro, marchando agarrados de la mano, porque el difunto era loco con esa canción de Héctor & Tito... antes de que la ley del negocio los partiera. Los policías merodeaban, sin animarse a intervenir. Tras la camioneta, iba el ataúd cubierto por la Bandera Nacional, como víctima de un crimen de Estado que fue. «♫ Legisladores, violadores, dónde está el ejemplo, si están robando hasta en su mismo templo».

En el cementerio, unos gatilleros se apostaron sobre mausoleos para hacer disparos al aire, provistos de Glock, «chagones», Uzi, «chilenas». En ese punto hubo un silencio desenterrado de los sepulcros. Un teniente apareció en la escena, acompañado de un batallón. Avanzó directamente hacia donde se apostaban dos de los vendedores más pesados del barrio. Los demás nos quedamos levitando en el aire. No puedo decir que tuve miedo, pero sí que la tensión era para tener miedo.

A solicitud de los dos vendedores, los otros tecatos se bajaron a regañadientes de los mausoleos. A más de uno tuvieron que darle «cotorra» para que guardara el arma. Finalmente, quitaron la bandera del ataúd y se la entregaron al teniente. En seguida la policía abandonó el cementerio y nos dejó enterrar al muerto en paz. La situación pudo haberse vuelto gris. Los tecatos estaban mejor armados, aunque la patrulla policial era numerosa. Pero les convenía más dejar las cosas en ese punto y que los negocios de la calle se mantuvieran a nivel de tranquilidad.

Después del entierro fue que decidimos venir a la Casa de Muñecas. Yo aquí me he mantenido callado, tratando de que no se note mi asombro por encontrarme en esta casa. Los muchachos hacen chistes de todos los colores, rojos la mayoría, en lo que llegan las cervezas que pidieron en el colmado.

El sitio está como manda, no obstante la dificultad de meterme de lleno en el ambiente. Tú sabes, hay mujeres, chistes rojos, la libertad que produce la ausencia del adulto. Estar allí es agradable, pero solo de paso. No podría vivir todo el día dándole a un fuelle para buscar un vacío que me permita respirar. Además, estas chicas, aceleradísimas, se ven tan superficiales jugando con los vicios de las mujeres grandes. Definitivamente no me gustaría ver a mi hermana metida en esta casa.

El Menor se acerca a Lolo Frías, que está sentada en un rincón. La mira con una luz rara en los ojos. Le pone la punta de un dedo en uno de los tobillos y lo desliza por la pierna, la rodilla, los muslos, lo interna bajo la minifalda... «*Stop!*», ordena Lolo Frías, apresándole de un golpe la mano entre los muslos. «¿Qué es lo que?», se queja incrédulo. «No tiene panti, palomo», responde la Pelúa desde la ventana, y abandona una bocanada de humo en el aire.

Las Gemelas, sin dejar de acariciarse los pies en el sofá, cambian su conversación. Hace unos segundos hablaban de que, a diferencia de otras madres, la suya se empeña en vestirlas complemente distintas, incluso les tiñó el pelo con colores opuestos, una rubia, otra morena, para que ninguna se pareciera a la otra. «Ella dice que si somos iguales, tendremos más posibilidades de que nos caigan las mismas desgracias», decía una. «Y al revés», decía la otra, «cree que siendo distintas puede que en lo que a una le cae una desgracia, a la otra le pase algo bueno».

Pero acaban de cambiar de tema. Yo trato de perseguir su conversación, pero no es fácil. Al lado está el Licenciado detallando las jugadas de anoche entre los Knicks y los Lakers. Frente a su casa hay una banca de apuestas que tiene inversor y planta eléctrica, así que puede ver los juegos completos aunque se vaya la luz en el barrio. Junto a él, Pádrax en Polvo intenta imponer el argumento de una película de béisbol que vio recientemente en televisión.

«John Cena es una mujercita», me tira por la espalda el Licenciado. «Batista es lo que caga esa mujercita», le disparo. Nos cortamos con las miradas. La Pelúa tararea una canción de Paulina Rubio y los demás hablan de lo que les da la gana, a la vez que oyen y son oídos por los demás. El asunto es darle a la lengua y al oído. Lacacho y yo somos los únicos que permanecemos callados.

«¿Cómo es la mariguana?», pregunta una gemela, mirándome. Estoy indefenso. Aunque no podría propiamente decirse que me ha hecho la pregunta, el haberla tirado al aire con los ojos puestos en mí me coloca en una situación de compromiso. «¿Quién te la ofreció?», interviene, salvándome, Lolo Frías. «Nos la ofreció a ésta y a mí el marido de la que nunca se peina, la que vive frente a la banca». «Ah, el calvo cacoeñema que anda con una pila de libros», resalta la Pelúa. «Su mujer se las da de poeta. Vive con el culo en el aire; en el colmado dicen que ya no habla con nadie desde que hizo un libro... Como si eso le diera para comprarse un jean», aporta Lolo Frías.

«Sí, ese mismo es, el que le dicen Intelectual», confirman a mal coro las Gemelas, y una de ellas continúa sola el diálogo. «Tiene unos días dándonos cotorra con esa vaina. Le babea la angurria. Nos dijo que siempre ha hecho cocote con la fantasía de ver a dos gemelas besarse.

Quedó de avisarnos un día que su mujer estuviera en el instituto. Dice que va a conseguir mariguana y dos jeans».

«¿Y ustedes qué le dijeron?», pregunta MacGylver, con los ojos hundidos en el Game Boy. Las Gemelas se encogen de hombros y vuelven a preguntar, con los ojos incrustados en el cigarrillo, «¿cómo es la mariguana?». «¡A la verdad que ustedes están desacatadas!», desaprueba Lolo Frías, «¡darle show a ese maldito calvo!». «Si los jeans son de buena marca, ¡qué importa! La boca se limpia con pasta de dientes», opina Pádrax en Polvo. «¿Y si después se las quiere singar?», lanza la Pelúa.

«¡Gran cosa!», desestima el Licenciado, «el cacoeñema tiene el güebo chiquitico. Lo contó en la banca un tíguere que lo estuvo brechando cuando se lo metía a la poeta la semana pasada». La noticia causa conmoción. «Mi abuelo aseguraba que leer libros encoge el güebo», remata entre la vocinglería el Licenciado. «Yo oí ese cuento en la barbería», confirma Pádrax en Polvo. «Dizque cuando le metió la pistolita entre la peluca del toto, la poeta se quedó inmóvil, como una tabla de planchar, tirada sobre la cama. El tipo se vino a los veintidós segundos. Entonces él le peinó los pelos del toto y se puso a hacerle la paja. Y ella, cuando se vino, ni se movió, sino que chirrió como una puerta oxidada». «¡El mucho libro cansa la vista y amema!», grita la Pelúa.

En medio de la risotada, Lolo Frías hace un megáfono con las manos y dirige sus palabras hacia donde se encuentra Cerebrito: «Y le pone chiquito el toto a las mujeres». «¡Lo tengo más grande que el tuyo, mamagüebo!», le responde Cerebrito. El Menor se pone en pie de un salto y sacude el cuerpo con unos pasos de *breakdance*. «♩ Mis hijos están creciendo en un ambiente enfermo, enfermo, enfermooo», imita MacGylver al Mexicano, punchando los botones de la consola, mientras Pádrax en Polvo lo acompaña haciendo notas musicales con la boca: «♪ Veo a mi gente cayendo, veo, yo veo a los niños sufriendo del mundooo... los ángeles de Dios». «¡Vivan la vida, mis hijas! ¡Disfrútenla, que todo se acaba!», acarrea su voz la anciana desde el fondo del aposento. «¡Tráiganme un cigarrillo!».

La vocinglería cuartea las paredes, rompe las botellas vacías, dispara los clavos del techo. Lacacho se mantiene en silencio, como yo, medio al margen de la gritería aunque pendiente de todo. Su actitud es semejante a la del matón de las películas de vaqueros, que llega a la cantina en medio de la música del piano, del ruido de las fichas de juego, de los vasos golpeados contra el mostrador; toma su trago en silencio, sin meterse con nadie, aunque sabemos que su silencio es el dueño de aquello y que si a alguno se le ocurre meterse con él, sacará el revólver y lo coserá a balazos. Se acaricia los nudillos del puño derecho. Digamos que desde el silencio Lacacho contiene y gobierna todos los ruidos.

Una señora que hace su primer acto de presencia se para en la puerta de la sala y vocifera a todo pulmón: «¡Qué escándalo del diablo es este! ¡Esta casa es un manicomio!». El griterío se congela. La señora enciende un cigarrillo y se retira hacia el patio. «Llévale el cigarrillo a la vieja», le ordena de paso a Cerebrito, tirándole un Marlboro sobre la mesa. Duró poco en la escena, pero esa brevedad fue suficiente para considerarla digna de mi Mansión Foster para Amigos Imaginarios.

El vocerío asalta de nuevo la sala. Esta vez se trata de cien discusiones al mismo tiempo. Chistes, quejas, informaciones deportivas, piropos, preguntas en el aire, todo a nivel de la torre de Babel. «Llegaron las cervezas», informa Lacacho sin subir la voz, aunque con suficiente potencia como para ser oído. La vocinglería se deshace. Entra en escena Delivery, el chamaco del colmado. Lacacho da la orden a MacGylver y Pádrax en Polvo para que ayuden a entrar las botellas.

Entrego a Lacacho mi parte de la cuenta. Él me da una cerveza y se acerca a serruchar entre los demás la otra parte del dinero. Aprovecho la ocasión para apartarme del grupo, sobre todo porque sé que una vez pagada la cuenta a Delivery, todos se van a esfumar con las muchachas por los rincones de la casa. Voy a parar a la mesa en que Cerebrito husmea entre una pila de libros. Procuro adquirir la pose más varonil posible, ahora que tengo la botella en la mano.

«¿Qué estudias?», le pregunto para que levante el rostro y me eche un vistazo. Pero la muchacha, sin girar siquiera el cuello, apenas mueve los ojos y me capta en una posición que, se me ocurre, no debe mostrar mi mejor ángulo. Me inquieta esa simple mirada amarilla como de tierra. Pienso que merezco una atención mayor. «La cerveza tiene que destaparse primero, para cargarla así», corrige. Me corroe la vergüenza. Ahora no sé qué posición física adoptar. «Pásame eso», ordena mientras me quita la botella, «tú no sabes beber. Lo más que va a hacer es calentarse».

Se interna botella en mano en la habitación de la anciana. Me escabullo en el patio. Casi por instinto, con la respiración escondida en los pulmones, me acerco a la ventana desde la que en ocasiones he espiado a Judy Ann. Me gusta verla hacer cosas en la soledad de ese cuarto perdido bajo las ramas de los almendros. Pero esta vez no está sola. Se encuentra con ella la señora que hace un rato apareció en la sala. La jeva se ve nerviosa. Luce indefensa frente a la presencia avasalladora de la adulta. «¿Qué hace este tarro vacío bajo la cama? ¡No me digas que has estado comiendo helado!», reprende la señora. «¿Qué te ha dicho el Viejo de no comer dulces? ¡Ah, te quieres poner gorda como una vaca! El Viejo ha sido claro como el agua: solo debes comer sopa con poca sal, sin fideos y baja en grasa. Tú no agradeces, no te llevas de una... ¡¿De dónde coño sacaste ese maldito helado?!». La jeva no puede decir nada. Tiene ojeras, los labios prensados con los dientes. Sus ojos reflejan un profundo miedo.

En ese momento tocan a la puerta. La señora, molesta, observa a Judy Ann. Le pregunta con un ademán quién diablos podría ser. La muchacha levanta las palmas de las manos a la altura de los hombros, como si no supiera, pero con el temor multiplicado en sus pupilas.

La señora abre la puerta. Queda colgada de un hilo al toparse con Delivery. El muchacho, más sorprendido aún, gaguea de una forma cómica. Trae en la mano, a la manera de un ramo de rosas, una Heineken y los oídos sepultados bajo los audífonos del iPod. La mujer le grita que se vaya al carajo; en medio de la reprimenda, le arranca la botella y la hace añicos contra la pared del patio. Delivery no responde. Baja la cabeza y se retira.

La mujer cierra de un portazo. Se enciende como un fósforo la antorcha de los ojos y los lanza contra la muchacha. Se pasea de un lado a otro del salón, mordiendo el cigarrillo, golpeando el aire con los bufidos que bombean el humo. «¿Tú te imaginas si el Viejo llegara a encontrarse con ese carajito aquí, dizque dándote a beber cerveza? ¡Con lo que engorda la cebada...! ¡La del diablo se arma!», exclama tras recuperar la voz. Judy Ann está con los brazos cruzados en una esquina del cuarto, temblando como de frío.

La mujer mira el reloj. Se nota que debe salir. Recoge su cartera. «Mi hija, llévate de mí. En el Viejo está empeñado tu futuro. Con ese hombre hasta te puede salir viaje. Él es uno de los pejes gordos de la fábrica. ¿Qué te cuesta cumplir al pie de la letra con lo poco que él te pide? ¿No ves que hasta te mandó a construir este cuarto aparte, para tenerte como una princesa? ¿Es tanto sacrificio no llenarte el estómago de grasa y porquería para que mantengas la línea? Él lo único que quiere es que te veas bien», le dice casi en tono suplicante.

«Tú eres mi última esperanza, Judy Ann. Mira a esas muchachas, que a cada rato tengo que sacarlas de abajo de la cama, donde se cuelan con todos esos tígueres a bajarse los pantis y a meterse mano... Y a la Cocco, que nada más se la pasa quemándose el cerebro con esos malditos libros, como si de una escuela se sacara dinero... ¿las escuelas son bancos, acaso? Apuesta a mí, hija de mi alma, que no vas a perder».

Apoya una mano en la cerradura. Aprovecha la colilla, que casi se le apaga, para encender otro cigarrillo. «Yo no le voy a contar nada al Viejo. Pero esto no se puede repetir. Ya tú sabes: solamente tu sopita y mucho descanso. Me tengo que ir para la fábrica». Abre la puerta; antes de cerrarla, voltea la cabeza y advierte con veneno: «Si el Viejo se entera de una vaina así, es capaz hasta de venirte a matar. Ese hombre da la vida por ti».

Ondea en el vacío, por un buen rato, la nube de humo del último cigarrillo. La jeva deja que los pies la muevan hasta el centro del cuarto. Levanta los ojos hacia el techo y se enmascara con una mueca desesperada. Parece que va a gritar con todas sus fuerzas. Pero solo levanta los brazos con los puños muy apretados, como si quisiera volar. Adivino que daría media vida por ser ahora mismo una de Las Chicas Superpoderosas, para salir disparada como un cohete y perderse en el espacio. Exhausta, se deja caer en la cama y esconde el rostro bajo las almohadas. Desde aquí le escucho proferir un extraño aullido parecido al llanto.

11. Mil lágrimas derrama un corazón de metal
IVY QUEEN

He soñado con la Casa de Muñecas. Estoy sentado en el borde de la cama, con la luz del sol enredada en las legañas de mis ojos. Fue un sueño arrollador, largo, denso, de esos que nos marcan el humor para el resto del día. Lo recuerdo como si me estuviera pasando en este momento. En ese sueño yo entro a la casa. Hay una marejada de humo, millones de cigarrillos titilando en la oscuridad, como un gran monstruo forrado de ojos sangrientos. Me atraen unos chillidos salidos de una habitación. Allí, bajo el manto de una luz roja, las Gemelas intercambian besos en los labios con chupadas a un cigarro de mariguana, mientras un hombre calvo, ataviado con la ropa del señor Quaker, las corrige con perversidad. «¡Más lengua! ¡Menos mariguana!», grita regla en mano, pero las muchachas no le hacen caso, porque se están muriendo de la risa.

Paso a otro cuarto. La vieja hace un esfuerzo sobrehumano para ponerse de pie, pues desea lucirme su estampa. En ese instante descubro que lleva una peluca rubia mal puesta y los labios rebozados de pintalabios rojo. Trae una blusa sin mangas y una minifalda de lentejuelas de oro. De pronto se pone a rabiar porque la emisora en que se escuchaba una canción de Paulina Rubio es interferida por otra en la que resuena en potente FM un fragmento de MCD Etiqueta Negra: «♪ Estas jevas son pinchafunda y no más na».

En un pasillo me encuentro con la Pelúa. Tengo que usar las manos para apartar el humo que me impide distinguirla con claridad. Se lleva un helado de fresa a la boca. Está ataviada con un vestido blanco y coronada con una diadema de flores blancas. La veo delicadamente maquillada, eternamente hermosa. Me observa extrañada. «Yo no soy la muerta, no», dice, y desaparece por el fondo del pasillo.

En otro cuarto está Lolo Frías. Me separa de ella un mostrador que cierra el paso a un largo tramo repleto de botellas de licor y copas bien fregadas, y a una vellonera que solo funciona con monedas de veinticinco centavos que ya no se acuñan. Lolo Frías, con el rostro inexpresivo, llena numerosos vasitos de café.

Ahora en la sala hay un susurro con el volumen altísimo, como muchos árboles mesados por un ventarrón. Aparto una cortina y observo a una niña muy hermosa, acaso de dos años, dormida en el centro de la sala. A un lado está la Directora murmurando las oraciones de una hora santa, mientras le hace señas al profesor de Deportes para que no le deje quemar las morcillas que se fríen con paciencia en un caldero gigante.

Me aparto del bullicio. Estoy junto a Cerebrito. «En los sueños no me conocen por el apodo. Aquí debes llamarme Cocco», se adelanta y, tomándome de la mano, me lleva hasta el patio. Señala el cuarto de Judy Ann. Entonces arranca un libro de una rama de almendra. Abre el libro; veo en sus páginas el nombre «Rebollo», escrito con humo, y de la silueta blanda escapan las voces de MC Joha y DJ Kontakt, a ritmo de reguetón: «♫ A los hombres nos gustan las muchachas conformistas, muchachas de talento para concursos de belleza, muchachas con cierto problema de inteligencia, muchachas que pueden ama-estrarse como bestias», con un *flow* fúnebre.

Avanzo hacia la ventana del cuarto de Judy Ann. «¡No!», grita Cocco, y me detiene con un manotazo en el pecho. «Si miras para adentro ahora, no sales jamás», me previene con un tono trágico.

En ese momento abrí los ojos. Fue como abrirlos bajo el agua, donde nada se ve sólido. Me duele estar despierto. Me da trabajo ponerme de pie y librarme del borde de la sábana. Quizás el sueño se debió a que la tarde anterior estuve espiando a Judy Ann mientras se tomaba un plato de sopa con mil tristezas en la cara. Habló por celular con alguien que debía ser el Viejo, a juzgar por la voz de alegría fingida y los ojos con lágrimas sin fingir que mantuvo durante la conversación.

Esa tarde, cuando llegué a mi casa, me encontré a papá en el baño. Se rebuscaba no sé qué cosa de las mejillas ante el espejo. Pensé en Judy Ann. Más que nada, pensé en el Viejo, en ese ser para mí invisible que la mantenía encarcelada. Ese hombre al que figuraba de color verde, pero no como Hulk, sino de músculos flácidos y con camisa. La mente, que es la vaina más loca que se haya inventado jamás, me echó en el cerebro el dato de que ese viejo desconocido podría ser alguien como papá... quizás él mismo.

Se volteó hacia mí con un signo de interrogación tatuado ante la nariz. «¿Qué?», quiso saber. Vacilé por un instante. «¿Qué opinas del cuento de Hansel y Gretel?», le pregunté. Retornó hacia el espejo. «Es un cuento horrible... Es lo más terrible que se le puede hacer a un niño», respondió, entregado a escarbar, tal vez dando por hecho que mi pregunta se derivaba de alguna tarea escolar. Estas palabras fueron para mí un alivio, ya que me permitieron descargarlo de cualquier lista de sospechosos.

Entro al baño. Pongo más pasta dental de la cuenta en el cepillo. Me llegan los rastros de la voz de mamá que le habla al viejo a mil kilómetros de distancia de donde me encuentro. «Anoche mataron una niña en la otra calle», me llega la débil ráfaga. Hay una vaina que se llama *déjà-vu*. Me acerco con el cepillo en la mano al lugar de la conversación. «¿Qué niña era ésa?», pregunta el viejo. Me convierto en estatua viva. *Que no diga el nombre*, pienso, *que no diga ningún nombre*, me digo aterrado. Mamá se voltea en ese instante y se da cuenta de que he escuchado la conversación. Se muerde los labios. «Judy Ann», informa la Hocico de Puerco, saliendo de atrás de una cortina, «Judy Ann... tenía catorce años».

Si dijera que en ese momento el oído se me llenó de truenos, parecería que robo el recurso a una película. Digamos, pues, que regresé sobre mis pasos al baño y terminé de cepillarme los dientes sin decir ni una palabra.

El velorio es en la Casa de Muñecas. Hay mucho humo, quizás más que de costumbre, aunque se nota menos porque las puertas y las ventanas están abiertas. Bajo la cabeza, un tanto temeroso de enfrentarme al cadáver, y sigo en dirección al callejón, donde los Fox Billy Games hacen guardia. Nos saludamos sin estridencias, como corresponde a un velatorio, incluso haciendo con cierta economía de movimientos los juegos de manos.

Ya tienen recogida toda la información del hecho. La tragedia comenzó cuando el Viejo, que dirige la nave de zona franca en que trabaja la mamá de Judy Ann, apareció de improviso en la casa y se dirigió al cuarto del patio. El ambiente saturado con «♪ Llévame contigo y sedúceme. Mami, yo soy tuyo, sé mi mujer. Hoy lo que tú quieras te lo daré. Y que me lleve el diablo si el precio es estar a tus pies», de Baby Rasta y Gringo, le llamó la atención. La canción se filtraba del cuarto. Al abrir la puerta, descubrió a Delivery besando a Judy Ann en el vientre. Sin decir nada, rojo como tomate, apartó el rostro y regresó hacia el carro. La señora, mortificada, lo siguió por toda la sala, pidiéndole disculpas, asegurando que no sabía cómo ese tíguere había entrado al cuarto. El Viejo montó en su carro sin ponerle caso y puso el motor en marcha.

Como a los cinco minutos la señora recibió una llamada en su celular. El Viejo le ordenaba sacar al muchacho del cuarto, dejar a Judy Ann encerrada con llave y también apagarle la música «en lo que él regresaba». Efectivamente, retornó veinte minutos después. La señora lo recibió en la galería y lo escoltó hasta el cuarto del patio. Sin decir media palabra le abrió la puerta y regresó a la cocina. Pasaron dos minutos o siete. Entonces se escuchó un disparo. El Viejo salió apurado y silencioso, peinándose con los dedos temblorosos, entró al carro y se esfumó.

En el otro extremo del callejón hay un grupo de tígueres, los mismos que ocupan nuestra esquina luego de las seis de la tarde. Están sentados en corro, con una botella de ron en el centro. Se la pasan haciendo chistes y procurando que las risas no sean tan estrepitosas como para invadir la sala. Llegan al patio desde el fondo de las habitaciones los gritos de la anciana. Parece que se le disparó la razón y se la pasa preguntando qué demonios hace toda esa gente en la sala, que de dónde sacaron esa caja de muerto, que guarden bien los trastes para que no se los vayan a robar.

«Esta casa está hoy demasiado aburrida. Hay que irse», dispone Lacacho, y todos lo seguimos a la manera de una fila de hormigas por el medio de la sala. Pero una fuerza poderosa hace que me rezague. Me acerco a Cerebrito, que tiene los ojos enterrados en una libreta, sentada en su lugar habitual, con inquebrantable disciplina, aunque a su alrededor el mundo salta como un carnaval de máscaras negras. «¿Qué estás leyendo, *shorty*?», le pregunto. Esta vez no me lanza la mirada desconcertante. Ni siquiera se ha movido. Veo que las letras de la libreta están desenfocadas, mojadas en lágrimas. Se pone repentinamente de pie y se abraza a mí. Está temblando. «¡Ay, amiguito, que nunca se te muera una hermana!», me susurra con la voz partida.

En la sala se ha impuesto una calma relativa, sin duda la borra de una madrugada de afanes para el velatorio, un ojo de ciclón que en cualquier momento se mueve para dar paso a otras ráfagas. Todavía siento en mi pecho el cuerpo trémulo de Cerebrito. En el centro de la sala reposa la caja de muerto, blanca, rodeada de velones y de flores con un tibio aroma tan penetrante que ciega los ojos. Alrededor del ataúd hay varias muchachas vestidas de negro, y más que chicas en silencio parecen viudas muy tiernas.

El ataúd me atrae. Judy Ann está ataviada con un bello vestido blanco. Trae la cabeza adornada con una diadema de florecillas blancas y el rostro delicadamente maquillado. Sus labios, más que tocados de carmín, parece que se han puesto así de tanto haber comido helado de fresa. La están enviando hermosa para la eternidad.

Levanto despacio la cabeza. Mis ojos se encuentran con la imagen de la Pelúa. El pelo negro, bien peinado, le ocupa toda la espalda. Sus labios, la nariz y las líneas que enmarcan su rostro dan un toque de perfección a su belle-za. «Yo no soy la muerta, no», me dice espantada, en baja voz, y se aparta hacia una de las habitaciones.

Salgo a la galería. El rumor se repone. Alcanzo a oír a un hombre acodado en el vano de la puerta, que excla-ma como si resollara: «¡Tan bonita y se murió!». En el pasa-manos hay un puñado de curiosos comentando de forma velada. «Estaba entera, la niña», suelta uno. «Ya era una señorita», resalta otro. «Le pusieron una corona... ¿Era vir-gen?», repara una flaca de cutis carcomido. «Bueeeno...», se desentiende otra.

En la acera de enfrente hay varios adultos que, lide-rados por el dueño del colmado, intentan hacer entrar en razón a Delivery. El muchacho, que se ha negado a entrar a la casa, ha anunciado que esta noche irá al cementerio a robarse a la jevita. No saben qué hacer con él.

La madre de Judy Ann pasa por la galería a un rit-mo marcial. Ni siquiera vuelvo el rostro hacia ella. Los curiosos la siguen y quedan atorados en la puerta. La se-ñora se detiene en la sala. El rumor deja un hueco para ella sola. Empieza a gemir: «¡Ay, mi niña! Tanto futuro por delante». La oigo respirar con fuerza, da la impresión de que llora apoyada en el ataúd. «Si yo me lo hubiera imaginado, no hubiera abierto esa puerta», se lamenta. Y se entrega a un llanto copioso. Suena auténtica, real. Pero no le luce llorar. Ella había abierto esa puerta hace mucho tiempo. Ella es la que merece estar metida en la caja. En dado caso, la muchacha es quien debería estarla llorando.

12. De vez en cuando hablo con Dios y no contesta
ARCÁNGEL

Somos los repetidos invisibles. Apenas constituimos números para que la gente del censo haga la cuenta. En un universo inconmensurable, en un planeta donde existimos por millones, en un país donde, si se lo propusiera, jamás terminaría uno de conocer por su nombre, apellido y conciencia a cada persona, ¿qué razón de estar nos acompaña? Nosotros, que no tenemos un programa de televisión, que no nos terciamos la banda presidencial, que no gerenciamos un banco, nos apiñamos en desorden entre los repetidos invisibles. No tenemos un rostro más allá de lo universal, ningún rasgo en el cual detenerse; por eso nos pasan el rolo sin disculparse, porque en realidad es como si no estuviéramos allí. Resulta casi un milagro que no levitemos.

No he salido desde hace dos días. Todo lo que me quiera llegar debe hacerlo por la puerta de mi cuarto. Si tengo deseos de ir al baño, mejor orino en una botella. Yo mismo me he puesto de castigo, para dar un voto de censura al mundo. He desconectado el PlayStation. He vuelto a los libros, pero sin método: una página de este, par de capítulos de aquél. El asunto es mantenerme en algo.

Hace un rato escuchaba un tema de Jo-a. Llamó mi atención la parte que dice «♫ Yo necesito un mundo pa' mí solo». Me gusta más que el «*The World Is Yours*» de Tony Montana. Porque si eso llega a darse, significa que toda la basura del mundo también es nuestra. En cambio, Jo-a simplemente habla de necesitar un mundo, uno como lo queramos. Imprimo una hoja con esa frase de la canción y la pego en la puerta.

Por alrededor de una hora estuve bregando con mi Mansión Foster para Amigos Imaginarios. Entró un personaje nuevo: la Directora. Aquí se llama Verduga. No tiene cuerpo, sino dos patas conectadas directamente a un par de tetas de vaca. Su cabeza es un casco de vidrio transparente; en el espacio que debería ocupar el cerebro, solo hay una bolsa de papas fritas.

Apareció en la Mansión tratando de casarse con el Padre de la Patria. Pero este, que lleva traje negro de sepulturero y un tufillo a naftalina, le rehúye todo el tiempo. Es tan pariguayo que ni siquiera sabe si le gusta o no. El profesor de Deportes, que es una media pelota con dos rueditas como patas y un silbato por boca, se la pasa rastreándolo entre los cuartos, para delatarlo ante la Verduga.

Al final la psi/cóloga, con su rostro de paleta de maquillaje, decide casarla con Palo de Escoba, un personaje que vuela y se la lleva flotando a una luna de miel en un museo abandonado.

Me entran deseos de dar una vuelta a ver cómo sigue el rebaño de los inútiles. No se trata de un interés propio, digamos que la televisión me ha empujado a tomar esa decisión. Puse el volumen en *mute* y me fui guiando con el control remoto a través de canales que no dicen nada, no por la falta de sonido, sino por lo vacíos que son. Aproveché para observar en silencio las imágenes.

El Presidente es un canalla; tiene en el rostro el falso rosado de quien anda bien cuidado y comido; por eso al dar sus declaraciones se le nota esa despreocupación que quiere hacer pasar por serenidad. Se la pasa diciendo que apuesten a él, pero no se ha visto a nadie, salvo los ladrones de su gobierno, que haya ganado con él en el poder. Las presentadoras de televisión parecen una carnicería ambulante y ya no hallan qué enseñar: un gajo de teta, un tajo de vientre, un pedazo de culo. Ni siquiera las putas del cabaré de la otra calle tienen que mostrar tanto para ganarse el billete.

El que me acabó de quillar fue George Bush, con esos ojitos de yonofuí, dando órdenes para el despelote de Irak; ah, muy machito él desde la fortaleza de la Casa Blanca. ¿Por qué, si tiene tanta bujía como dice, no agarra un AK- 47 y cae en Bagdad? ¡Que haga como Rambo, cobarde! No encontré ninguna película que valiera la pena. Ya se acabaron los dos capítulos de *Kill Bill*. Habrá que esperar a la noche, para ver las tres secuelas de *The Matrix*. Mientras tanto, le doy de negro a la maldita pantalla del televisor.

Ahí afuera está el barrio. Nada del otro mundo: un calco que encaja perfectamente sobre otros barrios. Me animo a dar unos pasos calle abajo. Dos policías con ropa de camuflaje pasan en una motocicleta, escopeta en mano, ojos de enemigos, sin duda indecisos sobre en cuál punto de drogas tirarse para darse un pase y tumbarle unos pesos al vendedor; pero en este barrio no es fácil hacer eso. Tú sabes, en este barrio los tecatos están en regla con los oficiales, con los de arriba, de manera que estos rasos no pueden venir a inventar.

En las aceras, así como apiñados en colmados y galerías ennegrecidas por el apagón, se encuentran los repetidos invisibles. Saltan, vocean, se mueven con estridencia, en un esfuerzo desesperado por dar a creer que en realidad están vivos. Su cielo, antes que de nubes, está repleto de alambres eléctricos apagados, que más bien funcionan como tendederos para una infinitud de tenis viejos. Veo un puñado de basura humana caminando por la acera de enfrente. Tienen por contraste un muro inacabable con un grafiti con letras y flechas: «Por aquí se va a la entrada principal del infierno. Por allá se va a la puerta trasera».

No quiero que nadie me vea. No será difícil, siendo uno intangible entre tantos ceros. Un cero a mano izquierda jamás discute con el de al lado. Simplemente se aparta un poco para que el otro se acomode. A diferencia de los demás números de la derecha, que se pelean entre sí: «No es el 7 que va ahí, sino yo, el 8; qué horror, ahí iba un 2, no un 4». ¡Ah, el reino de los ceros! Y ceros del sistema digital, más imperceptibles todavía.

> Sé que muchos no creerán que un niño de casi once años pueda sentir todo esto. No escribo para ellos este relato: lo cuento a los que conocen mejor al ser humano. El adulto, que ha aprendido a modificar en ideas parte de sus sentimientos, echa de menos éstos en el niño y cree que las vivencias tampoco han existido.

El párrafo de arriba es de *Demian*, la novela de Hermann Hesse. En sus líneas, Sinclair trata de explicar que el mundo sensitivo de la historia corresponde a un niño de diez años. ¡Gran cosa! Como si escribir lo que se piensa sirviera de algo. ¡Al carajo Hesse! ¡Al carajo Emil Sinclair! De todos modos se trata de una novela más aburrida que un domingo a las seis de la tarde. Además yo soy mayor que Sinclair.

Si yo publicara esta historia en mi blog de Internet no sintiera la menor preocupación porque alguien dudara de que yo la hubiera escrito. ¿Qué ganaría refutando? Además, ya quisiera que estas páginas endiabladas no las hubiese vivido o escrito yo, sino otro, un tercero que no me importe, a lo mejor algún viejo de cincuenta años. Por eso no importa cuando en mi ausencia, madre, te metes a la computadora a poner comas, acentos y rehacer oraciones en lo que he escrito. ¿Te sorprendí, madre? ¡Prrraaa! Pero lo que importa no es quién escribe, sino lo que está escrito.

De hecho, es mejor, a veces, no ser el protagonista de nuestra vida; vale más hacer mutis, escurrirse del foco de la cámara y dejar que sean otros quienes se alcen con el crédito protagónico; después de todo, nadie puede ser el director de la película de su propia vida.

Registro en las sombras del atardecer las casas, las esquinas, las cosas. Trato de ignorarlas, pero ellas me abruman en forma de recuerdo. El recuerdo que más jode la memoria es el que está fresco y nos ofrece sus ruinas para desplazarnos en concreto sobre su historia. Así la memoria adquiere una insoportable consistencia material.

Intento embullarme calle abajo leyendo grafitis. Siempre llaman mi atención los que complementan letreros anteriores. En una casa en ruinas quedó el mensaje «Dios es dueño de esta casa», que fue rematado con un grafiti pintado a brocha: «Pero el diablo es su inquilino». «¡Abajo la droga!», vocifera una valla, y más abajo, añadido a mano con pintura negra: «Firma: El Sótano». Sobre la publicidad de un seguro de automóviles, cambiaron la última palabra, de manera que terminó así: «Muévase seguro con un AK4». Mi favorito es uno en que aparecen dos muchachas fumando sobre un letrero: «El cigarrillo que nos refina», al que le escribieron a continuación «Hasta volvernos esqueletos». Y encima de un viejo mural electoral, pintarrajearon: «El Presidente y el pulpero de la esquina son dos ladrones».

Al final de la calle alcanzo a ver los rastros de la casa en construcción donde vive Tatú. Después que le ha tocado encargarse de los hijos de su hermana, su vida es distinta. Casi no bebe ni jala. Está más metido en lo de los tatuajes, peleando el peso. Dicen que ahora por fin parece los años que tiene.

Yo lo veo triste, ocupado en preocupaciones. En cualquier momento va a estallar. La locura le espera a la vuelta de la esquina. Y una cosa tiene la locura: no desespera nunca. Está lista para acompañarte en la quiebra económica, en la escena de cuernos, en el fracaso de los dados o en la hora de los tragos. Siempre está ahí, a la orden, aunque tenga que esperarte hasta los años de la vejez. Si no te tira el guante en esa última etapa, se mete contigo en el ataúd, y allí es más terrible, porque no hay locura más grande que estar metido en una caja oscura, llena de gusanos, olvidada, hasta el fin de la eternidad.

La vez que estuve en la morgue curioseando entre los cadáveres, pasé todo el día inquieto. Me sobrecogió el terror cuando apagaron la última luz de la casa. Me mantuve con los ojos congelados en medio de las sombras. No dejaba de ver la carne abierta, los orificios imperfectos de los cartuchos a quemarropa, el cuello magullado salvajemente por la soga. También me perseguían los párpados entrecerrados de la difunta, con una lucecita apagada en el fondo, y los ojos brotados del ahorcado. Fue una auténtica noche de pesadilla.

Cuando el atardecer cayó sobre el barrio el día que enterraron a Judy Ann, no me sobrecogió el terror. Pasé todo el tiempo, incluso durante el colegio, con su imagen grabada en mi imaginación. Ni siquiera la muerte había desterrado la gracia de su rostro. Pero al llegar la hora de dormir me asaltó una tristeza que me impedía pegar los ojos. La imaginaba como una jeva que se viste con sus mejores galas en espera de que la saquen a janguear, y al final del día nadie viene. Nadie se la llevó de la muerte. La dejamos allí, cruzada de brazos, con una rosa anudada en las manos.

Delivery había amenazado con robársela de la tumba. Sin embargo no pudo hacer nada. El dueño del colmado, en un golpe de habilidad, se lo llevó para el negocio y empezó a meterle ron. Lo convidó a beberse todos los estantes si quería. El resultado fue que cuando llegó la hora del entierro, el tipo estaba tan borracho que no sabía ni en qué mundo se encontraba. Pasó la noche tumbado en el patio del colmado, arrollado por la borrachera. Y durante los días siguientes continuaron metiéndole ron, hasta que el cadáver estuvo podrido y ya no tuvo caso sacarlo del ataúd. Después, como Delivery terminó por no servir para nada, lo botaron del trabajo. Fueron tantas las botellas de ron que debía en el colmado, que no hubo que darle un centavo de liquidación. Ahí anda, vuelto un guiñapo, vendiendo su alma al diablo a cambio de una botella o un pase. Ya no canta las canciones del Residente: ¡demasiado vivaces para él! Usa una tristeza tan grande que empapa a quien se acerca. Y no es para menos: dejó plantada en la muerte a la hermosa Judy Ann.

No he regresado a la Casa de Muñecas. No tengo planes de volver a poner el trasero por allí. Los muchachos siguen yendo. Yo siempre me invento una excusa para no ir. Esa casa siempre me va a oler a muerte. Este barrio se repite en su porquería. Eddie Dee lo conoció a la perfección: «♫ Distinto día, la misma mierda». Lo voy recorriendo de una banca de lotería a otra. Cada cuatrocientos metros hay una, ubicada con una precisión demasiado perfecta para un país como este. Si con la misma precisión ubicaran escuelas, hospitales, fábricas, no habría tanto tecato y tanto loco en el ambiente. Me pongo los lentes de rayos X para observar a la gente. Siento unas náuseas semejantes a las que me producen los libros de Deepak Chopra. Salen del salón de belleza, de la banca de lotería, de la compraventa, pensando que al fin tienen la vida en un bolsillo. Siempre le han robado su queso, incluso cuando han comprado los estúpidos libros que pretenden encontrar al culpable de ese robo. Veo la gente ir hacia una misma dirección y se abre en mi mente Alexander Scott. Pienso que sí, que todas esas vacas se guayaron y que en un país como este no existen los rinocerontes; los hay en África, sí, pero allá están más fregados que nosotros.

Hay un predicador en una esquina, vociferando por un megáfono. Nadie le hace caso. Incluso cambian de acera en su caminar, como si el tipo tuviera lepra. Me paro frente a él, para hacerle de público. Pero parezco no importarle mucho. Apunta con el megáfono hacia los demás transeúntes. Me doy cuenta de que el aparato no tiene pilas, o las tiene en malas condiciones, de manera que el vozarrón que escuchamos brota íntegro de su garganta. Azuza con la otra mano un ejemplar muy maltratado de la Biblia, de forro negro. Si la Biblia es tan hermosa, tan luminosa y tan gozosa como él la define, ¿por qué la forran de negro y no de colores más vivos? La Biblia debería ser, entonces, de los colores del arco iris.

«¿Dónde está Dios?», le pregunto. Dudo que me haya escuchado. Vuelvo a repetir la pregunta. Por primera vez se fija en mí. Me grita, megáfono en boca, que está en la Biblia, y lee versículos sueltos. «¿Lo tiene usted ahí?», interrogo con curiosidad. Agarra el libro con la fuerza de un guerrero, para reafirmar la respuesta. «Y si tiene a Dios ahí tan cerquita, ¿por qué grita tan fuerte?», le pregunto. Pero creo que se hace el que no me ha escuchado. Lo dejo con su perorata. Está muy pasado en la vida. Supone que el único salvo es él y que todo el que le pasa por el lado está jodido. Le falta instrucción y sabiduría. En este barrio todos estamos jodidos.

Regreso a mi casa. Mi hermana está junto a la puerta de entrada, con todas sus pendejadas de la Barbie organizadas en el piso. Me mira con gesto amenazante, pero temerosa de que le patee los juguetes. Me echo un poco a un lado y logro pasar sin rozar nada. ¿Qué gano yo declarándole la guerra a una muñeca anoréxica?

Entro al cuarto. Enciendo la computadora. La apago. Tomo un *joystick*, pero lo abandono sin usar. Cojo el control remoto, pero se me ocurre que a la pantalla de la televisión el negro le sienta mejor. Hojeo algunos libros. Pienso cuál es el límite para escribir libros, o sea, si hay prestablecido un momento en que la humanidad se dé cuenta de que todo tiene un límite, un ya está bueno.

Me tiro sobre la cama panza arriba. Ahí está el techo, en el mismo lugar donde lo dejé, a nivel de tranquilidad, con una profunda sabiduría que le impide el vano intento de tratar de escapar de sí mismo. Pienso en la gente que ha muerto en el barrio, en los que están vivos, en la televisión, en los Fox Billy Games, en Dostoievski, que escribía tanto... En la mente cabe todo, por eso nos mete en tantos problemas. Pienso en mamá. A veces se me acerca y me susurra que no piense tanto. Decido hacerle caso. Oprimo un botón y pongo la mente en blanco.

13. *My destiny is my only enemy.* YOMO

El ambiente está buenísimo. Trato de mantener la calma ante la emoción que me inyectan las luces de colores, la música estridente y esas bocinas que se levantan hasta el techo. Hago lo posible por desplazarme sin tropiezos entre las mesas y las parejas en hormigueo, temeroso del bochorno que me ganaría si supieran que estoy en una discoteca por primera vez. El sitio me hace sentir como esas ropas hermosas que nos quedan demasiado anchas; pero brego por dar a creer que es de mi talla.

Lacacho me había dicho par de días atrás, cuando regresábamos del Reformatorio: «El sábado toca un *rave party* en La Galaxia. Van a ir muchos grupos. Incluso de la capital. ¿Te anotas, montro?». Yo respondí que sí, pensando que eran palabras de aire. Pero esta tarde me volvió a recordar el asunto, de manera que me encontré sin más opción que idear un plan para escaparme de casa tan pronto los viejos cayeran rendidos.

La noche, cuando va alcanzando la madrugada, se vuelve mágica y se transforma en una caja oscura en la que falla la gravedad. Al llegar a la discoteca nos quedamos en el parqueo frontal, merodeando entre muchachos grandes que se situaban en coro junto a los carros. Pensé que Lacacho y yo no íbamos a pasar de allí, debido a la tara de la edad. Eso me daba el cómodo margen de poder regresar a casa en poco tiempo. Desde las puertas se filtraban los *beats* del rap y del reguetón acompañados de *flashes*. Sonaban Wissin & Yandel, Ingco Crew, El Lápiz, Don Miguelo, Vakeró, Daddy Yankee, luego Omega, y yo me figuraba que en un futuro no muy lejano en las discotecas tendrían que sonar los discos de los Fox Billy Games. Se lo grité a Lacacho al oído y creo que se sonrió.

Cerca de la puerta hay un grupo de chicas. Traen jeans tan bajitos de cadera que dejan al descubierto parte del pubis rasurado. Se cubren con blusas o camisetas que por el tamaño parecerían de una hermana muy menor, y eso provoca que sus tetas, de piel fresca y reluciente, amenacen con deslizarse al desnudo. El pelo bien arreglado, la nariz empolvada, los párpados saturados de un azul que les transporta la mirada al cielo, los labios esculpidos en una fresa. Están allí como si les diera igual. «Pero por dentro se mueren porque alguien les pague la entrada y les compre par de cervezas... Eso es suficiente para que se dejen quemar la cintura... Y si no tienen la luna, al final te regalan el cuerpo sin ropa», comenta el guardián del parqueo, comiéndoselas con los ojos y chupando cada palabra.

Pasamos casi una hora en el parqueo, el sueño empezaba a asomarse. Cuando pensaba que ya nos retiraríamos, alguien comentó: «¡Ya están entrando los capitaleños!», y hubo un notable desplazamiento hacia la puerta de la discoteca. «Vamos», dijo Lacacho, y yo lo seguí. Un tipo de la seguridad se interpuso entre nosotros y el portero. «Cantamos con MCD Etiqueta Negra», informó autosuficiente mi amigo. «Y yo con Michael Jackson», escapó del anzuelo el tipo. Entonces hubo una movida rápida que terminó con un billete de cincuenta pesos en la mano del seguridad. «Ellos cantan con los capitaleños», le dijo al portero, mientras le indicaba apartarse para que pudiéramos pasar. Debo reconocer que al principio estaba como quien entra al lugar de perderse. No sabía con precisión ni dónde estaba el suelo. Las luces girando a toda velocidad y el ánimo acelerado de la gente me creaban la ilusión de estar fuera del mundo. Tras observar el sistema discreta y detalladamente, pude tomar el gobierno de mi desplazamiento. Ocupamos un lugar cerca de la pista de baile. Pensé que estábamos en ese punto mientras ubicábamos una mesa. Tú sabes, la costumbre de ver tantas películas. Pero resultó que ese era nuestro lugar para la noche entera. Otros muchachos también se alojan en la pista. Sin salir de allí, a menos que no fueran al baño, tripean, se toman el trago, llaman a una chica a bailar, se descuajaringan con el *breakdance*. Caminan en pequeños círculos como pingüinos. Traen el cuello, los dedos y las muñecas saturados de blimblín de oropel. Y no visten nada que no les quede ancho... Me doy cuenta de una evidencia terrible: yo no tengo ropa. O sea, no ando con ropa adecuada para la ocasión. Parezco un mesero.

Empiezo a empequeñecerme, a consumirme progresivamente dentro de mi atuendo, cuando un gesto soez me salva de la desintegración. Una rapera se queda mirando en mi dirección desde el otro extremo de la pista y, tras hacer un guiño, se pasea la lengua por los labios. Noto que se trata de la que estuvo en la casa del Menor, la de las piernas de acero, la jeva del *panti-shot*. Justo en ese instante Lacacho se acerca y me pasa un vaso de Brugal con Coca-Cola. Bueno, creo que puedo sobrevivir el resto de la noche.

Los tres primeros tragos me ponen a volar. Empiezo a reír, y supongo que se trata de una risa idiota, a juzgar por la mala mirada del mesero en cuyos zapatos acabo de derramar mi trago. «Yo traigo otro, montro», dice Lacacho. Estoy *cool.* Evoco a Homero Simpson: «Querido Señor: los dioses han sido buenos conmigo. Por primera vez en mi vida todo es perfecto tal y como está. Así que este es el trato: Tú congelas todo tal y como está y yo no te pediré nada más. Si te parece bien, por favor no me des ninguna señal... ¡Eso es! ¡Trato hecho!».

La rapera vuelve a enfocarme con sus ojos; pero en esta ocasión descubro cierta inclinación en el rango de su mirada. Me volteo y descubro que no es conmigo que ha estado coqueteando, sino con Machine One, que está sentado a una mesa, mimado por tres chicas. Menos mal que ya estoy *happy.*

Lacacho conoce a los raperos de la ciudad. Se les acerca a todos y los llama por su nombre. «¡Guelo Furia!, mi pana», y el tipo se ajusta los lentes para darle la mano. «Fey, ¿qué traes con Virus para esta noche?», pregunta a otro. También conoce a algunos artistas de la capital. «¿Qué es lo que, Mahogany?». «¡Charlie Valens, mi hermano, un abrazo 100% pa' ti!». «¡Strike One! ¡Choca estos cinco para la Charles!». Todos le responden, aunque pronto le dan la espalda y siguen en lo suyo.

De la segunda planta viene bajando una vejiga llena de aire. Es un condón; me quedo contemplándolo con la boca abierta, imaginando lo mucho que habría que crecer para alcanzar el tamaño que ajuste en esa cosa inflada. La vez que le pregunté a la profesora de Religión para qué es el condón, me respondió agriada que eso no se llama así, y que tampoco era para niños ni para gente de Cristo.

Hablando de Lacacho, no sé qué pasó con el otro trago que iba a traer. De hecho, desde hace un buen rato no lo veo. Cojo el ritmo de la música y me dedico a pasarla bien. Hay en la pista una jeva que perrea con más soltura que el diablo. Se desliza como si fuera de goma hasta el suelo, dando cintura, y con la misma facilidad se levanta. Se balancea a la perfección empalmando su vientre con el de uno de los dos carajos con los que baila. Mueve las nalgas con desenfreno, sobándose contra la bragueta del otro. Ahora está como un sándwich entre los dos, bien prensada, sin perder la gracia del movimiento. Pregunto la hora a un tipo que está a mi lado. Responde que no tiene reloj. El de más allá me contesta que tiene un celular para ver la hora, pero que lo acaba de empeñar para seguir bebiendo. Le pregunto a un mesero. Dos de la madrugada. Mi primera impresión es que se trata de una hora irreal. Ni siquiera para la fiesta de Año Nuevo había permanecido despierto hasta tan tarde. Y, definitivamente, Lacacho se ha esfumado.

Trato de mantener la calma. Cruzar solo la ciudad a esta hora para llegar a casa equivale a andar por la boca de un lobo. Súmenle a eso que no soy muy experto jangueando por sus calles, menos a esta hora. Decido fumarme el pánico. Poco a poco el paisaje de la discoteca empieza a transformarse. La figuro como aquel burdel de *From Dusk till Dawn*, tú sabes, cuando todos se convierten en monstruos.

Las mujeres que hace tres horas lucían una frescura de fresa, ahora, restregadas por el sudor, parecen gallinas matadas a escobazos. Los caballeros que entraron bien vestidos, ahora andan con la ropa estrujada, la camisa fuera del pantalón, y han cambiado el gesto de autosuficiencia por la mueca de estupidez que les presta el ron. Los muchachos, ya terminada la presentación de los raperos, se desplazan fuera de la pista con botellas hace rato vacías. En una mesa un tipo intenta pasarle a otro un cigarrillo, con una lentitud de tortuga.

Está escrito, y se va a escribir aquí nuevamente, que la discoteca es el sitio de perdición por excelencia para la gente joven. Y yo, para mi desdicha, soy el ejemplo de turno. Sucede que me encuentro cruzado de brazos en un extremo de la pista, observando a un viejo desconsolado al que dos jevas intentan componerle el peluquín, cuando una mano me toca en el hombro. Cuando miro me traga la tierra. Es papá. Tiene granadas y ácido del diablo en los ojos, pero no convierte en palabras ni en movimiento físico el contenido de sus pupilas. Simplemente me dice, con el desabrimiento de quien no se ha cepillado los dientes: «Tu mamá te está esperando en el parqueo», y se escurre en dirección a la puerta.

Yo lo sigo, disimulando mi terror. Tan pronto salgo, mamá empieza a gritar un millón de cosas. Está completamente histérica. Suerte que no hay más gente en el parqueo. Me apuro a entrar al asiento trasero. El viejo pone el carro en marcha. Mamá se voltea a mirarme por encima del asiento. Me llama irresponsable, desconsiderado, inmaduro, asegura que la voy a matar de los nervios. Todas sus palabras son graves. Yo casi no digo nada, salvo cuando tengo que responder a sus preguntas. ¿Qué puedo decir, si ya lo que está hecho está hecho? Además debo reconocer que tiene un poco de razón, aunque no para armar tanta alharaca.

Apenas me atrevo a preguntar quién les dijo dónde me encontraba. Se miran a los ojos. «Usted no está en condiciones de preguntar nada», me descarta mamá. Cuando se quilla conmigo me trata de usted. Papá conduce en silencio. Sin duda asume que la reprimenda de mamá se basta por sí sola. Y hace bien: mamá siempre es mejor en esas cosas. Él se ahoga en esas circunstancias. Solo es bueno eligiendo los castigos.

Me ordenan irme al cuarto, no sin antes recibir dos siglos más de reprimenda y la sentencia con el castigo. «Y se baña antes de acostarte. Se lava también la cabeza... No me le va a pegar a las sábanas ese tufo a cigarrillo», ordena mamá. Me meto bajo la ducha.

No estoy molesto. En realidad me siento orgulloso del viejo. Se portó con clase. Me trató como a un hombre. Se me acercó en la discoteca como una persona más, sin armar escándalo. En cuanto a mamá... bueno, las madres siempre son así. Ya se le pasará la cuerda en un par de días. Un beneficio colateral es que, al aparecerse allí, me resolvieron el asunto de tener que cruzar la ciudad solo en medio de la noche.

Me envuelvo entre las sábanas. Después de todo me pudo ir peor. No me causará mella pasar las mañanas encerrado en mi cuarto durante toda la semana. Tampoco sacarle los pies al televisor y al PlayStation durante ese tiempo. Lo que será un poco difícil es esa otra parte, la de acompañar a mi hermana todos los días en el camino del colegio. Luego de imponerme el castigo, el viejo me hizo prometerle que no volvería a la discoteca ni a ningún sitio semejante hasta que él mismo me llevara; que a partir de entonces podría ir solo o con quien me diera la gana. «Promesa de hombre», me recalcó con gravedad. Y yo le de mi palabra.

14. Dibuja una sonrisa y te regalo una rosa
TIZIANO FERRO

Rápido se ha acostumbrado mi hermana a que le sirva de guardaespaldas en el camino al colegio. Antes íbamos cada cual por su lado, aunque ella a cada rato le metía mano a la alharaca para que no la dejara atrás, para que le ayudara con la mochila, para cualquier blandenguería de chica. Ahora, como resultado de la sentencia del viejo, me veo obligado a caminar a su mismo compás. Aprovecho las caminatas para que me cuente sobre las muchachas de su aula, donde, según me informa, tengo una especie de club de *fans* secretas que se formó a raíz del Reguetonazo.

«Con lo de Guanábanas te pasaste de la raya», me dijo ayer, primer comentario oficial suyo sobre el caso, «pero estuvo bien... Esa vieja embroma demasiado», consideró. De hecho, me hizo saber, el Reguetonazo le sirvió para romper la mala voluntad que le tenía una pandilla del curso, llamada Las Chicas Superpoderosas, precisamente las que ahora son mis *fans*. Las carajas la traían de vuelta y media. Se burlaban de ella porque siempre cumplía con sus tareas y era la primera que levantaba la mano cuando en la clase se hacía una pregunta.

Pero después de aquella tarde, automáticamente cambiaron de actitud. Ya no era la Sabelotodo, sino la hermana del Prócer. Dejaron de molestarla; incluso la invitaban a sus paseos por el patio durante el recreo y le pedían que les ayudara con las materias. Estaba cloro que se le atribuía alguna participación en el *remix*, debido a su conexión conmigo.

Hoy se ha pasado todo el camino preguntándome cómo son las discotecas. Yo le respondo escuetamente que música alta y luces de colores. Insiste en que le dé más detalles. Gente bailando. Quiere más detalles. Gente fumando y bebiendo. Quiere más detalles. No sé qué más decir. La discoteca es como el infierno, que desborda toda clase de descripción. Le prometo que dentro de algunos años la voy a llevar, a cambio de que deje de preguntar. No se lo he dicho, acaso nunca llegó a darse cuenta, pero esta mañana decidí excluirla de mi Mansión Foster para Amigos Imaginarios.

Quedamos en que esta tarde, durante el recreo, voy a pasar por su curso para que me muestre de lejitos mi *fan club*. Se inventará una excusa para que las chicas se queden en el aula. Le advertí con toda claridad que debía mostrármelas con discreción y que si mete la pata se las va a ver conmigo.

Voy por el pasillo abriéndome paso entre la gritería. Me peino, me arreglo el cuello, asumo en el caminar un tumbao a la altura de la situación. Me detengo en la puerta y, con sigilo, meto media cabeza para el curso, de la nariz hasta los cabellos. Hago un siseo a mi hermana. Ella tiene sentado en la pierna a un niño de segundo de primaria al que ha adoptado como una mascota escolar. Percibe mi presencia y, frunciendo los labios, dirige el rostro hacia un grupo de muchachas que están hojeando una revista en una esquina.

Me brotan los ojos de las cuencas. No creo lo que tengo frente a mí. Las Chicas Superpoderosas son cuatro o cinco carajitas flacuchentas, mal peinadas, de rostro con más espinillas que un guayo. Un *fan club* así nadie lo desea. Pierdo por un momento el equilibrio y termino de cuerpo entero en la puerta. Las chicas me han descubierto. ¡Maldición! Una se ha puesto colorada. A otra se le ha olvidado cómo cerrar la boca. La que estaba de pie ahora se encorva, está sin aire, como si acabaran de meterle una patada en el estómago. Consigo una sonrisa, estúpida por demás, pero sonrisa al fin, y me esfumo de la escena. Más tarde he prohibido tajantemente a mi hermana hacerme preguntas al respecto.

En la clase de Español me vi involucrado en un conflicto que me condenó a una visita a la Dirección. En realidad, hay días en que me propongo portarme bien, trabajo duro en eso, no se imaginan cuánto; entonces, sin quererlo, se me escapa una palabra, un movimiento, y todo mi propósito se va al carajo. Muchas veces la Directora, al verme entrar a su oficina, suspira hastiada y, tras observarme largo rato como a través de la mira de un rifle, me ordena regresar al aula, sin decir ni media palabra, con gesto desdeñoso.

El problema vino de un poema que la profesora nos leyera. Se trataba de unos versos que ensalzan a Pedro Henríquez Ureña, tú sabes, el difunto con sombrerito negro que sale en el libro de Español. Las estrofas lo presentaban como un prócer inmaculado, lo cual no dejaba de ser extraño y vergonzoso, si tenemos en cuenta que el poema lo había escrito su madre, Salomé. «¡Si lo vierais jugar! Tienen sus juegos / algo de serio que a pensar inclina...» /«Amante de la Patria y entusiasta, / el escudo conoce, en él se huelga...» / «Así es mi Pedro, generoso y bueno; / todo lo grande le merece culto», etcétera, declamaba con engolada voz la profesora.

Cuando terminó, se enjugó una lágrima y pidió nuestra opinión. Nadie se atrevió a decir ni esta boca es mía. Yo levanté la mano. «A juzgar por el poema, pienso que se trataba de un niño pariguayo y aburrido». La risa se descarriló sin control. Fue entonces que, ante la imposibilidad de darme un rebencazo, la profesora me mandó a la Dirección. La Directora abrió un mataburro. Luego me observó por encima de la montura de sus espejuelos y escupió: «Novato, inexperto, bisoño, simple, pardillo, ingenuo, torpe, novicio, principiante, inhábil, aprendiz...». Al ver que yo no reaccionaba, cerró el diccionario y remachó: «¡Palomo!». Y no dijo más.

Nos han reunido a todos en el gimnasio. A la Directora, para variar, se le ha ocurrido que nos traigan a una charla sobre las gestas patrióticas. Todos estamos sentados con un zíper en la boca, que la Verduga monitorea continuamente. Está inquieta. Por lo visto el charlista no podrá venir. «La suerte para nosotros es que ella misma no la puede dar. Hoy tiene una ronquera que no la deja ni respirar», escucho un susurro del Número 15, que de inmediato es apagado por un «¡Shiiii!» del profesor de Deportes. Me volteo hacia el estudiante con una sonrisa, pero aparta el rostro de mí, con desprecio.

Aparece un visitante en la puerta del gimnasio. La Directora le hace una seña al profesor de Deportes para que lo conduzca hasta el escenario. La bruja lo saluda de forma escueta y lo insta a sentarse un momento junto al podio. Ella se para ante el micrófono. Tose. Golpea el aparato con dos dedos, como cuando se busca una vena de la muñeca para inyectarse la heroína. El profesor de Deportes corre hacia la consola y pone a funcionar el micrófono.

«Buenas tardes», dice la Verduga, «buenas tardes», repite, tras reponerse de un *feedback*. «El doctor Arcadio Disla Brito, charlista de hoy, excelso poeta de inmortales versos patrios e historiador disciplinado del alma nacional, a última hora no pudo acompañarnos por motivos ajenos a su voluntad. Para llenar el vacío, nos ha enviado a un pupilo suyo...». Tapa el micrófono con una mano y se inclina al visitante para preguntarle su nombre. Repite el mismo gesto durante cinco minutos, en lo que le extrae el currículum, hasta que por fin le da paso al podio.

El tipo, de entrada, se consideró indigno de ocupar el foro que le perteneciera al glorioso intelectual y finísimo aeda que no pudo venir. Sin embargo, al poco tiempo me doy cuenta de que el asunto seguramente es al revés, a juzgar por el hecho de que el otro doctor sin duda pensaba a la medida de la Directora.

Este charlista es distinto a lo que pude esperar. Está en lo suyo. No se emplea en una alabanza a la historia patria, sino que se dedica a mostrar aspectos débiles de la historiografía nacional. La Verduga lo mira de reojo, estrujándose los labios como si paladeara una pastilla de mierda.

El tipo sabe hablar y divierte con sus palabras. Señala que se debe retomar la obra de nuestros historiadores y replantearla a la luz de nuevas investigaciones. Exige un acceso libre a los documentos oficiales, a fin de que no sean patrimonio de un grupo de investigadores privilegiados. Y dice que la historia hay que aterrizarla, a fin de que a los jóvenes no les parezca cosa de periódico viejo. Incluso señala que en su divulgación deben utilizarse los videojuegos, el videoclip, la música popular.

No solo yo me asombro. Todos los estudiantes están callados, procesando sus palabras. Es la primera vez que los veo atentos a una charla en el gimnasio. Cuando termina, los aplausos, con vítores incluidos, se extienden por más de un siglo y dos días. Abre un turno para las inquietudes. Yo levanto la mano automáticamente, y de inmediato unas treinta manos siguen la misma dirección.

El charlista me da la palabra. Le pregunto si, ya que habló de música, el reguetón podría ser un género valioso para cantarle a la Patria. El tipo afirma que sí con la cabeza y se dirige hacia el micrófono. Pero la Verduga se interpone y ocupa el podio. Informa que se perdió demasiado tiempo esperando el inicio de la charla, y que por eso tenemos que organizarnos en filas y retornar a las aulas. Pide fríamente que demos un aplauso de agradecimiento al charlista antes de retirarnos. En respuesta, lo aplaudimos entusiasmados por treinta horas, cinco minutos y veintidós segundos.

Cuando chilla el timbre, me detengo en la puerta en lo que sale mi hermana. Habíamos acordado esperar allí a mamá, quien nos llevará a la zapatería. Veo al charlista acercarse. «A la Directora no le gustó la charla. Pero a nosotros sí. No nos gustan las que ella da», lo abordo. El tipo sonríe. Se refiere a mi pregunta. Me dice que el reguetón es un buen vehículo para difundir la historia y que si yo tengo el talento, que me ponga en eso.

Llega mi mamá. Se queda mirando al charlista como quien ve a alguien desde la lejanía. «¿Este muchacho es hijo tuyo?», pregunta él, extrañado. Le responde que sí, que se casó hace tantos años, que también tiene una niña. «Es un muchacho muy despierto». «Demasiado para su edad», apunta mamá. Hablan con timidez. El tipo también está casado y tiene una hija. Por lo visto se conocen de otra época.

«¿Has seguido escribiendo?», pregunta, y ella le sonríe con la sonrisa de una fotografía de hace muchos años. Se miran un rato en silencio. Mamá baja la cabeza y se pone en el rostro una expresión que nunca le había visto. Cuando la levanta, trae una media sonrisa que le tiembla en los labios. Lo mira por cuatro segundos. «Bueno... adiós», dice con la voz apagada. Él hace un saludo inclinando el cuello. «*Bye*», lo despide finalmente mamá, pero moviendo los labios sin palabras. El tipo se esfuma entre la muchedumbre. En ese instante llega mi hermana. Mamá le estira las mejillas, se las pone rojas, me acaricia la cabeza y se dirige con nosotros hacia el carro.

En la siguiente clase de Historia, la profesora ha terminado por llorar. Fue tanto el agobio de los cuestionamientos, que la pobre tiró el tiro. Mi hermana me contó que en su curso hubo una avalancha semejante y que en los otros cursos había pasado lo mismo. Estoy bajo la sombra de una acacia dándole para abajo a una Pepsi y a unas papitas fritas. Me encuentro aquí realmente huyendo de la mirada de mis fanáticas, que han acrecentado su interés en mi imagen. No sé cómo pueden verse tan mal. Mi hermana es una estrella de Hollywood delante de ellas.

Me doy una vuelta por la biblioteca. Reviso el catálogo en busca de algo interesante, pero es inútil. Allí no hay un solo libro que no haya sido escrupulosamente elegido por la Directora. Retorno a la gritería sorda del patio. El niño que mi hermana usa de mascota se me acerca. Le tiro la mirada que solemos arrojar sobre los bichos raros. Está impresionado. «¡Tía se cortó! ¡Tiene mucha saaangre!», me informa con el desentono que caracteriza a su edad. «¿Qué?». «¡Mucha saaangre!», repite como un papagayo. «¿Cuándo fue eso?». «Ahora. La llevaron a la Dirección... ¡Mucha saaangre!».

Escéptico, avanzo por el pasillo. Llego a la Dirección. Una profesora viene saliendo. Me pone una mano en el pecho. «No puede entrar», determina con un tono impersonal. Me doy cuenta de que en verdad ha sucedido algo. Burlo la mano y entro. Mi hermana está sentada junto al escritorio de la Directora. Varias profesoras la acompañan. Al descubrir mi presencia, repentinamente se pone de pie y se abraza a mi cuello. La situación me pone en apuro. «¿Qué te pasó?», le pregunto intrigado, mientras trato de soltarle los brazos. Pero no se suelta. Guardo silencio y también la abrazo. De todos modos se trata de mi hermana.

15. El cielo no es azul, lo confundo con la muerte
SOANDRY

Están pasando un documental sobre Irak. Es semejante a filmar en una carnicería. Entrevistan hombres, niños, mujeres que en algún momento han sido partidos por una bomba o una bala. Sobrevivientes, objetos auténticos del milagro. Hay una mujer muy hermosa con una cicatriz horrenda que parece una serpiente cosida a su espalda. Me gustaría oír la opinión del cirujano del otro canal, que se la pasa con su voz aflautada ufanándose de cómo borró una mancha o la marquita de una quemada de cigarrillo. En Irak se metería en miedo. Seguro se iría a pique, porque esas cicatrices de carne solo las borra la muerte al transformarlas en cenizas.

En la casa del Menor reina un clima de fiesta. Esta mañana llegó la remesa que su madre manda desde Suiza. La abuela le adelantó dos mil pesos y salió a saldar las deudas del mes. La madre también telefoneó para decirle que, si quiere, puede dejar de ir a la escuela, pues en unos meses vendrá a buscarlo para llevárselo a vivir a Suiza. MacGylver desde hace rato le muestra en una revista una versión de Nintendo DS, para que se lo envíe tan pronto llegue. El Chupi-Chupi ha intuido que en el viaje del Menor está el futuro del grupo, porque nos abrirá las puertas al mercado europeo, que funciona en euros.

Lacacho enciende un cigarrillo. Se ve artificioso, se nota que no sabe fumar con estilo. Pero no doy mi opinión. Ayer la pasamos mal. Caímos por la construcción en que últimamente están hospedados Los Güelecemento, tú sabes, a ver si levantábamos par de pesos. Desde afuera no se veía a nadie, así que nos animamos a entrar. Nos metimos a un cuarto que estaba al fondo, y en ese momento aparecieron como medio millón de esos palomos, con las pupilas partidas por los relámpagos rojos. Pero ya no andaban semidesnudos. Algunos vestían ropa cara, otros lucían blimblines. Empezaron a llenar el cuarto y a bloquear la entrada, en actitud amenazadora.

«¿Qué es lo que? Vinimos a negociar un cemento», informó mi amigo. El jefe de ellos, con una voz que podía provenir de cualquier otra garganta, débil pero cruel, respondió: «Nojotro no andamos ya en cemento, palomo. ¡Tumba eso! Ahora le damo al crack». Haciendo un esfuerzo, uno de ellos logró colarse por la puerta. Era el carajito que nos amenazó la otra vez. «A ti y a ti lo vamo a picai como un coco ahora mimito, lagalto», anunció, señalándonos con determinación con un cuchillo, «guindán lo teni».

Estábamos fritos. Ahí cabía la frase célebre de Homero: «Normalmente no rezo, pero si estás ahí, por favor, sálvame, Superman». Claro, eso lo pienso ahora que el asunto es pasado, pero entonces la vaina era en serio. Discutieron entre ellos, con frases que a veces yo ni entendía, compuestas de oraciones incomprensibles y palabras mal cortadas.

Mirándolos en perspectiva, les pasó lo que a esos matones de las películas, que en el instante de matar al protagonista se ponen a tirar discursitos, con lo que dan tiempo a reponerse y a voltearles la tortilla. Ese recurso gastado precisamente nos salvó el pellejo. Resultó que de pronto uno de ellos dio la voz de alarma desde la calle, y todos huyeron en desbandada.

Al salir de esa maldita construcción nos enteramos de lo que había pasado. En las últimas semanas Los Güelecemento se habían dedicado a robar en tiendas de ropa. Entraban como pirañas y corrían desbandados, llevándose cuanta mercancía tuvieran a mano cuando recibían la orden de correr. El dueño de una tienda logró rastrearlos. Fue él quien se apareció acompañado de un par de policías justo antes de que esos tipos nos dieran para abajo.

Por supuesto, no contamos al grupo la historia completa. La acomodamos de forma que nosotros fuéramos los héroes. Regresamos en la tardecita armados con palos, piedras, machetes y tubos, a cobrarnos la humillación, pero allí no quedaba un alma. Los Güelecemento habían abandonado esa guarida. Sentí un gran alivio, pues no sé qué hubiera hecho yo de haberlos encontrado con un pedazo de palo en las manos... podrido, para colmo.

Lacacho termina el cigarrillo y se ríe con una risa de dientes apretados. Sonreímos automáticamente, sin saber por qué. Finalmente me lanza una mirada burlesca. «MC Yo fue conmigo a La Galaxia al *rave party* del otro sábado», informa, tratando de contener la risita. Se detiene a describir algunos episodios de la noche. Después vuelve a destornillarse de la risa y, repuesto, revela: «Y en una hice yo así, llamé por celular a la casa de MC Yo y les dije donde él estaba a esa hora». Estalla la risotada. Incluida la mía.

«Yo ya lo sabía», miento, alabando su ocurrencia. O sea que la sospecha de mi hermana era cierta. Ese fue el hijo de la gran puta que llamó a casa para chotearme. Tremendas ocurrencias las de este mamagüebo. Mi hermana me hizo esa observación cuando regresábamos a casa, la tarde en que le pasó lo de la sangre en el colegio.

Salimos a caminar por el barrio. Lacacho trae un humor de mil perros. A cada rato exclama: «¡Lo bueno sería tener una Uzi y pasearse ametrallando a toda esta crápula!», refiriéndose a la gente que se apiña en las aceras y pasa por la calle. «♪ ¿Es que a ti te hiede la vida?», cita MacGylver el mambo de Omega, para animarlo. Pero Lacacho lo mira mal. Tiene ese humor desde hace varios días, específicamente desde que salimos del Reformatorio donde visitamos al Manso.

Esta vez el policía nos había dejado entrar con la condición de que le diéramos cien pesos. «Solo hay cuarenta para ti», informó Lacacho, y el tipo terminó por aceptarlos. El Manso, distinto a como me lo había imaginado, es un tipo desnutrido, sin tatuajes ni cicatrices a la vista. Parecía un tipo cualquiera. Los otros presos del Reformatorio se veían más ácidos que él y se notaba que ninguno lo respetaba. Para completar el cuadro de mi desengaño, reveló que estaba pensando iniciar un cursillo bíblico. «¿Te estás volviendo loco?», desaprobó su hermano. El Manso guardó silencio.

Mientras hablábamos, nos desplazábamos por diferentes instalaciones del Reformatorio. Era un lugar deprimente, no muy diferente de la casa en construcción ocupada por Los Güelecemento, en tanto constituía una especie de cueva llena de ratas. El sitio era extremadamente aburrido, sin televisor, sin computadora, sin máquinas de videojuegos, sin cafeterías donde tomarse un refresco. Además, sus habitantes se relacionaban más como enemigos que como socios de correrías. Había pensado que era otra clase de lugar.

En una, Lacacho abordó a su hermano en un rincón, donde más nadie pudiera oír. «¿Dónde guardaste el revólver?», le preguntó ansioso. En realidad su afán de visitar a su hermano era para conseguir esa información. El otro lo miró como si no supiera de qué le hablaba. «La noche antes de pegarle fuego a la casa me dijiste que tenías un revólver». El Manso se rascó la coronilla con un dedo, tratando de hacer memoria. «Yo no tenía ningún hierro», dijo, «la droga me tenía frito el cerebro. Hablaba por boca de la piedra, no por la mía... Yo nunca tuve revólver». La visita terminó en ese punto.

Comento sobre la posibilidad de incorporar elementos de la historia a las líricas de los Fox Billy Games. El Chupi-Chupi opina que la idea es buena, porque ni siquiera los boricuas han explotado eso. Lacacho desestima el proyecto. «Los Fox Billy Games son para tiradera, letras de singar y mucho plomo», determina, «eso es lo que vende». El Licenciado se anima a sugerir que podríamos tomar las guerras que ha habido y meter efectos de disparos, bombas y esas cosas. A Pádrax en Polvo se le ocurre que podemos hacer un rap en que el Padre de la Patria le pase la cuenta a los políticos corruptos.

Lacacho se detiene en seco. Nos señala con el puño derecho, como si nos diera a leer la palabra «*HATE*», y declara: «¡Los Fox Billy Games son míos, míos, y nadie me los quitará!». La discusión muere en esta sentencia. Cambiamos de conversación. Luego de rebotar de un tema a otro, caemos como por azar en una especie de reinado de belleza de nuestras madres. Al final gana mamá. Claro, no la he propuesto yo. Todos, sin pasarse de la raya, la consideran muy bonita, aunque, en la opinión de Lacacho, ella se las da de fruta fina. Pasamos a otros temas, pero por un buen rato conservo la imagen de mamá sonriendo con una corona.

Me las ingenio para arrebatarle a MacGylver el Game Boy. Selecciono Mario Kart y me esfumo del grupo y del mundo acelerando por la pista a toda velocidad. «¿Qué pasaría si John Cena peleara en pareja con Batista?», tira al aire el Licenciado. Encojo los hombros. «Lo mismo que si Bush se hiciera pana de Bin Laden: se caería el negocio», responde el Chupi-Chupi. «Ya han sido pareja antes», les escarbo la memoria.

Ayer me volví a topar con el charlista en el colegio. Me lo encontré en el pasillo, al salir yo de la Dirección. La profesora me había sorprendido mientras curioseaba en un mazo de cartas de Yu-Gi-Oh!, propiedad del Número 11. La Directora lo confiscó y me mandó al carajo en lenguaje rimbombante. De regreso al curso fue que me encontré con el charlista. Había vuelto al colegio para hacer no sé qué.

«¿Cómo va el rap patriótico? ¿Te gusta Vico C?», dejó caer por saludo. Le conté lo del mazo y, sonriendo, me dijo que si los símbolos patrios vinieran en cartas o salieran de las bolas de Pokémon, sin duda los muchachos mostraríamos mayor interés. Le conté que un grupo de estudiantes habíamos inventado un juego de mesa con la guerra de la Independencia para las Olimpiadas de Ciencias del colegio. Se sobrecogió cuando le dramaticé la forma en que la profesora de Historia lo hizo pedazos.

«Tu madre es una escritora muy talentosa», aseguró luego, y, con una chispa en los ojos, quiso saber: «¿Le cuentas todas tus cosas?». Con un raro sentimiento de vergüenza, le respondí que sí. Me miró callado, hasta que, como saltando desde el pensamiento, me hizo un extraño comentario. «Una vez, cuando éramos muy jóvenes, ella escribió una pequeña novela sobre mí, en la que yo era el protagonista y el narrador... El personaje narraba como si fuera yo, pero quien lo hacía era ella».

Sus palabras me sonaban fascinantes y extrañas, como si hablaran de una mujer desconocida. Le pedí detalles de esa historia, pero se limitó a repetir que mi madre era muy talentosa. Cuando llegamos a la puerta del curso, me apuntó con un dedo y, risueño, me advirtió: «Cuídate de que tu madre no te esté escribiendo, como hizo conmigo». «No lo está haciendo», afirmé. «¿Cómo estás tan seguro?», preguntó con un guiño. Antes de alejarse, me pidió: «No digas que te hablé de esto, por favor».

El barrio se desluce aplastado por una carga de nubes negras. En la pared en que la policía acribilló al tecato del punto de crack, resalta un grafiti mal borrado: «Cuide la flora. Siembre mariguana». Todavía se ven los tiros que repicaron en la pared.

Pasamos frente a la casa del Aborto. El carajo nos llama desde una mata de guayaba, debajo de la cual hay un manto de frutas, partidas por la caída, podridas la mayoría. Lacacho sigue sin ponerle caso, gesto que los demás copiamos. De pronto se detiene y se devuelve, con nosotros detrás.

El Aborto se desplaza hábilmente hacia una rama más baja de la mata de guayaba. «¿Qué andan buscando por aquí?», pregunta. Lacacho lo observa en silencio. Enseguida recoge dos guayabas del suelo, apunta fijamente y se las pega en la espalda. El carajo grita que no le tiren. Lacacho agarra dos frutas más. Nosotros hacemos lo mismo. Lo estamos masacrando a guayabazos. El Aborto intenta evadir los disparos, mientras sube hacia las ramas más altas para alejarse de nuestro alcance; nos amenaza con sacar de una pokebola a Charmander y lanzarlo contra nosotros, para que nos destruya.

He dejado de tirar, porque está aterrado. Nos grita que si le seguimos tirando, se puede caer. Echo un vistazo a la casa; parece que no hay nadie. Lacacho dice entonces: «Ahora te vamos a tumbar a pedradas, maldito Citoté». Pero en ese preciso instante nos ametralla un aguacero que nos obliga a huir desperdigados.

16. Amaneció bajo las alas de la muerte. Don Omar

La mañana abre despacio la ventana y tiende sobre mi cuerpo una sábana de sol, cegadora de tan nítida, que me cubre hasta la frente. Me niego a abrir los ojos. Algo de mí está prisionero aún en el imperio del sueño. Percibo que mamá está sentada a mi lado. Debe llevar un buen rato allí. Violento los párpados y logro captar su imagen. Está apagada por la tristeza. Me sepulta los dedos en el cabello.

«Levántate», susurra. Siento en el corazón el golpe de que quiere decirme algo y no encuentra cómo. Me mira, me mira, me mira. Como renunciando al discurso apropiado, dice finalmente: «Tenemos que ir a la funeraria», y enseguida hace una pausa para observar mi reacción. «El niño de Angustia, la señora que tiene en su casa todas esas flores y matas de guayaba, murió anoche... Más tarde iremos a darle el pésame».

Pregunto si se trata de Américo. La afirmación mete a batazos una carga fuerte en mi pecho. O sea que murió el Aborto, me digo en secreto, como si hablara en medio de una levitación. «Ponte aquella camisa blanca y el pantalón negro que está en la puerta del armario», indica mientras avanza hacia la sala. «Ponte los zapatos...», alcanzo a oír que añade cuando ha desaparecido de mi campo visual.

Me llega el ruido de sus pasos. Busca algo en la cocina. Reubica una de las esculturas de la sala. Levanta el teléfono y lo vuelve a colgar para acomodar un libro en el estante. Pone una de esas canciones raras de The Doors, pero la quita al rato como si hubiera hecho algo malo. Se nota que no encuentra qué hacer y le molesta no estar haciendo nada.

Ha de haberle dolido mucho la noticia. Apenas pudo hablar. Ella, que es tan buena para discursear. El día que a mi hermana le pasó lo de la sangre, mama fue la única que me dio una pista de lo que había sucedido. Ni la Directora, ni las maestras, ni papá me pudieron decir. En vano traté de que mi hermana me diera una explicación. «No fue nada... Mira, ya estoy bien», me tranquilizaba mientras volvíamos a casa. Y realmente no se le notaba ninguna dolencia. No descifré el misterio sino hasta la noche, cuando mamá me comentó que era algo natural en las mujeres, tan natural que a partir de esa fecha le pasaría cada mes a mi hermana.

«¡Pobre Américo!», dejo escapar en un suspiro al encerrarme en el baño. Abro un archivo del disco duro de mi cerebro, en el que hay algunas imágenes del Abor... de Américo. En realidad era un alma de Dios, un tíguere sin veneno. Fue la primera persona que conocí en el barrio, cuando dejamos el apartamento en el residencial y nos mudamos a esta casa que, según mamá, nos permitiría ahorrar dinero en lo que terminábamos de construir una propia. Jamás ofendía, y para decir una malapalabra había que ponerlo entre la espada y la pared. Y tener que haberse muerto para que yo comprendiera estas cosas.

El estómago se me llena de aire. El terror me sobrecoge al escuchar a mamá que le habla por teléfono a papá. Según sus palabras, Américo murió al caer de una mata de guayaba. La mamá lo encontró inconsciente en el suelo cuando llegó del colmado, adonde había ido por los víveres de la cena. Lo llevaron a la clínica, pero no se pudo hacer nada. Las ramas estaban mojadas por el aguacero y parece que resbaló, dice antes de colgar.

Los Fox Billy Games están reunidos en el cuarto de Pádrax en Polvo. Hay un silencio fúnebre, porque se fue la energía eléctrica. Por momentos MacGylver ha intentado encender el ambiente con alguna estrofa del Rubiote o Don Omar, pero la canción se le apaga al poco tiempo. Se queda taciturno con los dedos congelados en los botones del Game Boy. Está claro que no hay ánimo en el ambiente.

Decido abiertamente poner la muerte sobre el escritorio. «Él siempre se subía a esa mata», trata de desentenderse el Licenciado, «era loco con las guayabas». «Sí, pero fuimos nosotros que lo obligamos a subirse más alto cuando llegó el aguacero», aclaro. Pádrax en Polvo está de acuerdo.

Lacacho se pone de pie en forma imperativa. Tenemos que apiñarnos un poco para que pueda caber bien en esa posición. «Eso no tuvo que ver con nosotros... Después que nos separamos, yo regresé a pedirle perdón por los guayabazos, pero ya no estaba en la mata. Lo vi adentro, jugando Pokémon con los ojos pegados al televisor... Si se cayó fue porque volvió a subirse a la mata después de eso», informa Lacacho. Sus palabras nos infunden un alivio que va más allá del suspiro. El corazón se me desinfla y encaja con normalidad en mi pecho. Ya puedo respirar bien. «No se hable más del asunto», ordena con tono militar, «ni nadie va a ir al velorio... El maldito Citoté no era de este grupo».

Voy de regreso a casa, a vestirme para el velorio. Logré que se me asignara ir a la funeraria para que pudiera contarles todo lo sucedido allí. Pienso en el testimonio de Lacacho, palabra por palabra, y me lleno de frescura por dentro. ¡*Espérate*!, me dice una voz desde el fondo de mí, *¿a qué vienes a hacerte el pendejo? ¿Te vas a decir que creíste el cuento de Lacacho?* Verdaderamente no me lo figuro retornando a casa de Américo en medio del aguacero, para «pedirle perdón». Él es de esa gente a la que el perdón no le encaja ni siquiera en forma de una simple palabra. ¿El hijo de la gran puta habrá mentido?

Llegamos a la funeraria. Vamos todos, hasta mi hermana. Al cruzar la puerta me desoriento. Hay un millón de velatorios, cada uno en una sala distinta. Papá regresa al vestíbulo, se detiene ante un mural y vuelve con la información precisa. El velorio ocurre en una sala del fondo, que da a un jardín. Dentro no cabe ni un alma. No se puede respirar. Todo el barrio está allí, excepto el resto de los Fox Billy Games. Se oyen gritos, unos apagados, otros repentinamente descarnados.

Renuncio al intento de llegar hasta el ataúd. Salgo al jardín y me siento en un banco frente a una fuente con un ángel que expulsa el agua por los ojos. Mi hermana se sienta al lado. «Este sitio no me gusta», dice sobándose los hombros. «La muerte no le gusta a nadie», aclaro.

Ella señala las flores. Se sabe el nombre de cada una, cómo se siembra, cómo se debe cuidar. «Le sacaste el jugo a la maestra de Biología». «¡Qué va!», desmiente, «lo aprendí por mí misma. La maestra solo nos pone a recoger hojitas y pegarlas en una cartulina... Un día voy a tener una floristería grandísima». También asegura que cuando nos mudemos va a preparar un jardín en el patio de la casa nueva. «Eso será cuando la rana eche pelos», comento. «No falta tanto tiempo. Nos vamos a mudar dentro de un mes o dos», me dice. Mi hermana tiene esa capacidad de manejar información de primera mano.

La dejo entre sus flores. La sala está ahora despejada. Me acerco despacio al ataúd, dosificando la ansiedad. Américo está vestido con chaqueta y corbata. Tiene el rostro sereno, pero se le nota una leve expresión de dolor. Seguro le dolió mucho caerse del árbol y le sigue doliendo haberse ido hacia la muerte. Un grupo de curiosos entra y rebosa el lugar. Me desplazo en medio de la masa humana. Decido avanzar hasta el fondo para retornar hacia la puerta por una especie de pasillo que ha quedado a espaldas de los presentes.

Sin darme cuenta, me encuentro de frente con doña Angustia, la madre de Américo... ¿o debe decirse de quien ya no es Américo? Las lágrimas brotan con lentitud de sus ojos, muertos de cansancio de tanto ejercicio, y la empapan hasta los pies. Quiero pasar inadvertido, pero me acaba de enfocar con sus pupilas mustias. Tengo que decir alguna frase de consuelo. La situación es difícil. Por fin llega un pensamiento bonito a mi mente: «Dios se quiso llevar a Américo porque en el cielo necesitaban un angelito». Ella me escucha como en cámara lenta. «¿Y por qué mejor no te llevó a ti?», susurra sin veneno, con la voz aplastada por el dolor.

Logro salir al vestíbulo. Junto a la puerta, bajo el monitoreo de los curiosos, está el papá de Américo. No llora, se ve muy activo, pendiente de todo. Yo, que he visto la lentitud con que se maneja en su motor, sé que esa velocidad eléctrica es parte del shock en que lo ha sumido la muerte del hijo. Me pasa por la mente, de lejos, la idea loca de decirle que yo fui uno de los que obligó a Américo a subirse al árbol. Pero sería un disparate. El muchacho ya estaba en la mata cuando nosotros llegamos. Además, pensándolo bien, con todo y todo no deja de ser imposible lo que dijo Lacacho.

Como es sábado, después de la comida mamá nos lleva a la misa. El ataúd está frente al altar, cerca de los padres y las hermanas del difunto. Aquí la tristeza se seca, se acalla, pero se comprime con fuerza en el interior del doliente. Si el velatorio es una especie de huracán, la iglesia viene siendo su ojo.

El cura dirige el rito con naturalidad. Es de los que han nacido para eso. Le ha llegado el turno de hablar. Todas las palabras son para él. Hace un silencio que pesa sobre toda la nave:

Cuando se tiene un hijo, se tienen tantos niños
que la calle se llena
y la plaza y el puente
y el mercado y la iglesia
y es nuestro cualquier niño cuando cruza la calle
y el coche lo atropella
y cuando se asoma al balcón
y cuando se arrima a la alberca;
y cuando un niño grita, no sabemos
si lo nuestro es el grito o es el niño,
y si le sangran y se queja,
por el momento no sabríamos
si el ¡ay! es suyo o si la sangre es nuestra...

He querido empezar con esas palabras del poeta Andrés Eloy Blanco porque dicen una verdad. Y esa verdad se aplica al niño al que esta tarde nos toca dar el último adiós en su viaje hacia la casa del Padre. Madre, padre, su hijo es también el hijo de todos y el dolor que les embarga ante su partida, a nosotros nos embarga también. No están solos.

La juventud, dijo un filósofo llamado Aristóteles, es como un perpetuo estado de borrachera. Para ellos el tiempo tiene la brevedad de su propia existencia. Viven en un presente corto, y es como si les pasara la vida en una hora. Por eso juegan todo el tiempo. Su vida es un juego. Pero ese juego a veces se les sale de las manos. El resultado es la tristeza y el cuestionamiento, porque se siente que la muerte ha sido injusta y absurda.

Solo el leñador loco corta un árbol cuando el tronco es apenas tierno cogollo, dice Miguel Otero Silva, otro poeta, y al final, como cualquiera de los presentes, comenta: «Mientras los niños mueran yo no logro entender la misión de la muerte».

Yo, madre, padre, hermanos, que no he hablado sino con palabras de otros, solo puedo decirles por mí mismo, recordarles, que Dios nos ama y no nos olvida, y que precisamente estos momentos terribles son grandes pruebas de que la voluntad divina es misteriosa. No olvidemos que Dios no nos quita nada que no nos haya dado previamente, y que no nos quita nada que no pueda multiplicarnos después. Y que así como en un momento nos quita lo bueno, con Su amor también nos quita lo malo. Hoy estamos tristes. Pero en un futuro cercano, madre, padre, hermanos, volveremos a reír como lo hicimos tantas veces en compañía de nuestro hijo Américo, al que siempre recordaremos como ese hermoso regalo que Dios en su Misericordia nos hizo por un tiempo muy especial, porque nos ama, y desde su bondad infinita siempre nos tiende un puente de esperanza.

Mamá nos pregunta si queremos ir al cementerio. Estamos de acuerdo. Mi hermana quiere ir por curiosear. No se imagina que la curiosidad podría costarle una noche de espanto. Yo me siento en el deber de acompañar a Américo hasta el final.

En el cementerio nos encontramos con una situación chocante. En uno de los nichos hay un grupo de dolientes bailando al ritmo del Trío Matamoros mientras los zacatecas bregan con la caja de muerto. Gimen, dan media vuelta, lloran, corean con voz lacrimosa: «♪ La mujer de Antonio camina así...». Uno de los que andan en nuestro entierro se acerca respetuoso a los dolientes. Ellos, impotentes, explican que la última voluntad de su abuelo fue que lo enterraran bailando con Los Matamoros. Sin embargo, aceptan bajar el volumen.

De todos modos el nicho en que depositarán el ataúd de Américo queda al fondo. Tan pronto los zacatecas empiezan a hacer su labor, estalla un vocerío. Doña Angustia exclama que no lo entierren y se abraza a la caja. El marido hace un esfuerzo por despegarla, pero no es fácil. Cuando ella ve que sus brazos pierden fuerza, mira a los ojos al hombre. «Es tu hijo Américo... Mira dónde lo piensan meter... ¿Vas a permitir que lo dejen ahí?». Y el padre, como volviendo en sí, cambia la dirección de la fuerza y se abraza también a la caja. Los demás hombres se abalanzan para liberar al difunto. Cuando los padres se sienten casi vencidos, claman a las hijas para que les ayuden, y estas se suman al esfuerzo por retener el ataúd de este lado del mundo.

17. ¿Adónde van los pasos de los que se fueron?
HÉCTOR & TITO

La familia de Américo rompe el alma de tan triste. Uno echa un ojo hacia la casa y es lo mismo que pararse frente al cementerio a mirar. Se reúnen varias veces al día ante el altar a rezar por el difunto. Algunos vecinos, incluso varios de los que luego hacen chercha con el dolor, intentan consolarlos. Les llevan un plato de arroz con leche, los convidan a una hora santa, les ponen ejemplos propios para consuelo. Pero no consiguen arrancarles una brizna de alegría. «Están aferrados a su dolor y no lo sueltan», dijo al tirar la toalla la mamá de Pádrax en Polvo.

La nostalgia no es para menos. Cualquiera que hubiese volteado el rostro hacia el nicho luego de que tiraran la última plana de cemento, tendría motivos para sobrecogerse. Empezó a caer una llovizna de esas que taladran la médula. Américo quedó allí, solo. No le dejaron amigos para jugar ni a nadie que le avise cuando esté lista la cena. No quedó alguien para pasarle una sábana en la noche fría o para que le abra una ventana cuando el calor arrecie dentro de la tumba. Yo hubiese sido con gusto esa persona, de haber tenido las posibilidades.

Las hermanas salen de la casa solamente a buscar lo indispensable. La que estudia Medicina decidió suspender el semestre en lo que recupera la concentración. En el colmado la gente se queda siempre a la expectativa de las más pequeñas, pues por cualquier motivo, al pedir un poco de gas para la lámpara o media libra de sal, saben que van a ponerse a llorar. Las amigas no saben qué más hacer cuando se apagan al punto de perder la voz. Mi hermana dice que a veces la tristeza las pone tan mustias como se volvieron las flores del ataúd.

Al día siguiente del entierro, el papá se levantó a las cinco de la mañana. En toda la calle se escuchaba un golpe seco, continuo, y cuando los vecinos abrieron las ventanas y salieron cobijados en sus sábanas para averiguar, encontraron al papá cortando todas las matas de guayaba de la casa. Empezó por la del frente, y anduvo todo el patio dándoles machete a todas las demás. No aceptó la colaboración de ningún vecino ni las observaciones de que dejara esta o aquella otra porque da las mejores guayabas de la ciudad. Doña Angustia lo observaba a cierta distancia, cuidando de que las ramas no fueran a arruinar las flores al caer.

La madre se ha quedado con un aura de penumbra. Aunque se ponga al sol, no hay manera de apartarle esa sombra del cuerpo, por más que se estruje uno los ojos. Puntualmente su voz resuena calle abajo: «¡Américo, ven a cenar, que son las seis de la tarde!». Se levanta a la hora en que al hijo le tocaba prepararse para el colegio. Dice «Américo, levántate» desde la puerta de su cuarto. Entonces entra a la cocina y vocea desde allí: «Cepíllate bien, que te está por salir el sarro» y, más adelante, «¿Le pongo canela al chocolate?». Y le prepara la mochila y entra al cuarto y organiza el uniforme planchado sobre la cama, en lo que supuestamente el muchacho se está bañando.

«¡Apúrate, muchacho, que se te va a enfriar el chocolate!", vuelve a decir desde el comedor. Y cuando ya ha hecho todo lo que hizo durante casi diez años, cuando solo falta que Américo aparezca a tragarse el desayuno y darle un beso para correr hacia el colegio, cuando únicamente falta su presencia para que todo sea como antes, entonces la madre se queda sin aire en la puerta de la cocina, perdida en un llanto que provoca el aullido de los perros de los barrios lejanos.

A la hora de la comida o de la cena pone un plato en cada lugar, incluido el de Américo. Y cuando le toca recoger la mesa para fregar los platos, se detiene ante el del muchacho y exclama: «¡Mira, el plato está limpiecito! Eso es que no vino a comer por estar jugando en la computadora». Y entonces el papá dice que no, que seguro le pusieron demasiadas tareas en el colegio, y a las hermanas se les escurren las lágrimas.

Es tan insoportable el dolor y la nostalgia de esa familia, que se ha decidido borrar la tragedia de Américo y ponerlo de nuevo en la vida como si jamás hubiera muerto. Y aquí tenemos al muchacho de vuelta entre los mortales, de nuevo en el barrio. «Saluda, Américo», le digo. «Hola», responde con la voz apagada. Ha dormido mucho y es natural que esté cansado.

No hay recuerdo de velorio, ni de lágrimas, ni de ausencias. Se borró la tragedia de la historia del muchacho. Entra a su casa como si nada. Vuelve a salir. Se ve mejor que antes. Ahora estamos bregando con la posibilidad de que se incorpore a los Fox Billy Games.

«¡Choca esos cinco, Aborto!», exclama Pádrax en Polvo, y él levanta con timidez la mano y la golpea contra la otra palma. El Licenciado opina que no se pierde nada con darle un chance, que incluso podría servir para vender los cidís frente a las discotecas cuando el grupo lance su primera producción. El Menor lo recomienda, porque, dice, pronto van a ser cuñados.

Damos una vuelta por el barrio. Lacacho va delante, yo medio paso más atrás y el resto del pelotón a nuestras espaldas. De pronto nos tenemos que detener, pues el América se ha quedado muy atrás. Le decimos que debe apurar el ritmo, y le explicamos la manera correcta de caminar: tú sabes, las manos en los bolsillos, medio en diagonal y con el hombro derecho casi pegado a la mejilla.

MacGylver se va a encargar de enseñarle la expresión del rostro. Pádrax en Polvo le dará una práctica de las maneras de sentarse bien, con una pierna encorvada, la otra estirada, y colocando siempre el menos culo posible en la silla. El asunto es reprogramar al muchacho.

Anduvimos en busca del Writer. La idea era que pintara un mural inmenso a la entrada del barrio, conmemorando la vida de América. Pero en la casa donde vivió arrimado durante las últimas semanas, un tipo nos reveló que el Writer se había esfumado para la capital. Lo perseguían por los desarreglos que hizo durante una misa negra en el cementerio. De manera que adiós mural.

Da un poco de trabajo instruir a América. Tiene el cuerpo demasiado rígido. Lacacho no dice nada. Nos deja hacer, a ver lo que sacamos. Dos tardes atrás los muchachos lo llevaron a la Casa de Muñecas. Las Gemelas le tiraron el ojo y hasta se pelearon con Lolo Frías porque lo quería para ella sola. «Parece un angelito», describió más adelante la Pelúa, cuando el biberón estaba casi resuelto. Pero las chicas terminaron por sacarle los pies y restregarse bajo las camas con los muchachos, porque el América en una descubrió el retrato de Judy Ann y por más que le dijeron que esa se encontraba en otro mundo, él insistió en que con esa jeva era que quería estar.

Hemos hecho un esfuerzo increíble por actualizarle el verbo, pues en el corto tiempo que duró de aquel lado, salieron palabras nuevas a la calle. Hasta le hemos armado un diccionario para instruirle. Adiós = me quité. Botar = soltar en banda. Bregar = coger trote. Enseñar = dar cartas, dar luz. Estar en malas = guayar en el aro. Estoy tranquilo = estoy manzana. No entender = quedarse oscuro. No le pare = no le repa. Que lo sepas = que lo 'epas. Ser lento = roncar.

Incluso le hemos copiado en MP3 la canción-diccionario de Toxic Crow y el «Señor Oficial» de Eddie Dee, para que se le haga más fácil. Pero tiene la lengua dura y terrosa. No logra inyectarle a las frases el *flow* necesario. Por ejemplo, no hay forma de hacerle entender que «palomo» no se dice «palomo», sino «pa-loomo». Fastidiado, en una nos dijo que no tiene sentido coger el trote de aprenderse esas palabras, porque pasan de moda casi tan pronto uno se las sabe.

Nos comunicamos con DJ Nelson para que lo bautice como DJ USA. Nelson se extraña por el nombre. «Es que se llama Américo... y América es U.S.A.", explica el Licenciado agarrándome por la muñeca para acercarse al celular. Pero cuando le toca decir el nuevo nombre, el bautizado se queda mudo. Entonces ponen un anuncio de Armería Rambo y se queda sin bautizar. Lo llevamos donde Tatú, para que le tatúe un dragón en un hombro. El enano prepara los instrumentos. Suda y ni siquiera logra acercar la aguja a la carne. «El ron de anoche me tiene el pulso tembloroso... Mejor que vuelva otro día», se excusa. Y se queda sin su tatuaje.

Lacacho aprovecha estos pequeños fracasos para hacer comentarios venenosos. «No va a dar la talla. En los Fox Billy Games hay que ser avivado», opina cada vez. En esos casos nos quedamos callados, pero lo seguimos intentando. Es nuestro deber. Tener al Américo entre nosotros nos libera de un cargo de conciencia.

En realidad, es un biberón tener al Américo en este mundo. Él es el primero que no se ayuda, con esa actitud tan fría. El Chupi-Chupi trata de acelerarlo poniéndole a perrear algunos reguetones. Le metemos a todo volumen lo más pesado de Trébol Clan, del Ingco Crew, de Big Family, pero no hay forma. No se estremece ni al llenarle el tanque de los oídos con la «Gasolina» de Daddy Yankee. Balancea el cuello en cámara lenta y cuando mueve el cuerpo lo hace con cuaja. A la menor oportunidad cambia el cidí y se pone a escuchar «Vuelve, Angelito vuela» y otras canciones así, lentas y tristes, de Don Omar.

El barrio no coopera en nada. Se le quedan mirando como a un leproso. En la banca siempre algún ocioso se escarba la memoria y se pregunta en alta voz: «Pero ven acá, ¿y ese no es el muchacho que...?», y enseguida lo interrumpe la algarabía de los demás apostadores porque han dado un cuadrangular o hecho un *touch down*. No falta alguna vieja odiosa que al verlo en el colmado lo contemple con la pena de quien observa la foto de un difunto. En el colegio a menudo lo dejan ausente. Sucede que como duró un tiempo borrado de la lista, a las maestras se les olvida incluirlo. Los compañeros de aula, de burla, le han puesto el mote de Zombi.

La familia tampoco pone mucho de su parte. Hay días que se queda sin comer, porque a doña Angustia se le olvida servirle el plato, acostumbrada sin darse cuenta a tantos días de dejarlo vacío. «Ay, Américo, se me olvidó. Pero no te apures, mi angelito, que mañana te echo el doble». Las hermanas no le pelean como antes, dizque porque le tienen pena, y por eso le ceden el televisor para él solo. Pero, tú sabes, un televisor del que uno no se ha adueñado con uñas y dientes, carece de sentido, por eso Américo pierde el interés y lo apaga. Como las matas de guayaba fueron taladas, no encuentra con qué entretenerse. Yo mismo hablé con el papá al respecto, y él dice que mañana mismo va a sembrar unas cuantas. Pero mañana siempre se queda para mañana. Además, esos árboles duran demasiados años para crecer.

Así que con dolor del alma se ha decidido volverlo a su estado anterior. Las intenciones fueron buenas, pero solo sirvieron para embellecer los jardines del infierno. Es mejor el dolor de su ausencia que el de su presencia. De manera que adiós, amigo, de corazón te deseamos un hermoso descanso al ritmo de la eternidad.

18. Viven en la isla, pero de la fantasía. Eddie Dee

La banca de apuestas se halla repleta a esta hora de la mañana. Los jugadores bregan hasta con deportes de los que nunca en su vida habían oído una palabra, porque aparecen en la pizarra de las apuestas. Conocen los nombres de todas las academias americanas más que cualquier universitario, aunque solo sea por el equipo en que invierten su dinero. Estoy aquí a la espera de Lacacho. Los apostadores tienen el cuello tieso de tanto mirar hacia arriba, donde están los televisores. Sólo bajan la cabeza para revisar el tique de las jugadas.

Llega Lacacho. Pregunto la hora a la jeva que vende los tiques. Hace quince minutos el Número 15 debió haber estado aquí. Dijo que vendría a las tres, aunque en ningún momento juró que sería puntual. Antes de internarnos en la banca, leo un grafiti en el muro de enfrente que, según mi amigo, el Writer escribió por encargo del pulpero: «Si amas a tu esposa, déjala libre. Si no vuelve, es porque nunca fue tuya. Si vuelve, te jodiste otra vez». Nos entretenemos siguiendo un partido de hockey sobre hielo.

Es curioso que esta gente siga ese deporte en un país caribeño donde no cae nieve y donde no hay suficiente electricidad para congelar una pista de patinaje. «Ellos son apostadores, no fanáticos», aclara mi amigo con los ojos clavados en la pantalla.

Lo invité a la casa del Número 15. Anoche me encontré al Número 15 en el Messenger. Me saludó muy animado. Era la primera vez que me hablaba desde el Reguetonazo.

Ronpekreta: Prócer t as buelto muy popularrr en el kolegio.

MC Yo: Toy hasta la coronilla del *fucking* colegio.

Ronpekreta: *Yes....* pero t kedaste con el crédito.

MC Yo: Zzzzzzz.

Ronpekreta: ;-)

Ronpekreta: Tengo un plan pa quel colegio se baya ai karajo.

MC Yo: ?????

Y me tecleó que ahora daríamos un golpe de verdad, para que me acabe de casar con la gloria. Quedamos en que me pasaría a recoger por la banca. Le informé que llevaría a un amigo.

En el barrio le pregunté a Lacacho: «¿Qué tienes para mañana, montro?». «Nada», respondió, porque nunca tenía nada que hacer. Le hablé de la visita a la casa de mi amigo y de que quería que me acompañara. Le comenté que era una mansión de gente rica, con muchos carros, muebles finos, aire acondicionado hasta en la cocina. Describí la casa con la desenvoltura de quien ha estado en un lugar. Claro, en ningún momento le di a entender que yo iría por primera vez.

Por fin llega un BMW negro, de un resplandor espectacular. Entramos al asiento trasero. Lacacho, apabullado, se arruga en una esquina, pegado a la puerta. El Número 15 va en el asiento delantero. «Quítese el cinturón, Prócer. No es a una pista de carreras que vamos», me dice. Veo en el retrovisor el rostro del chofer, negro, sonriendo, con un diente de oro partiendo en dos su dentadura. «¿Qué lo que? ¿Mandaron a pintar el carro?», pregunto al recordar que era rojo. «No. Este es otro, palomo», aclara, «el rojo papá lo está usando para ir a las sesiones del Congreso».

Trato de entrar en confianza, pero nadie me sigue la corriente, así que me desenrosco la lengua y me la guardo bajo el taco del zapato hasta nuevo aviso. Llegamos frente a un portón que se abre de forma automática. El BMW se interna por un jardín y se detiene junto a otros carros, todos nuevos y caros.

El Número 15 nos conduce al interior de la casa. Es más grande y lujosa de lo que imaginaba. En una coqueta, colocada de manera que es imposible no verla, se muestra la foto de su papá abrazando al Presidente de la República. «¿Qué te parece?», le doy un suave codazo a Lacacho. Él afirma con la cabeza. «Está a mi medida», opina con dignidad.

Entramos a un salón saturado de muebles finos. El anfitrión se sienta sobre unos almohadones en la alfombra. Enciende por control remoto una pantalla en la que las personas son de nuestro tamaño. En ese momento entra un grandulón, pregunta por alguien y sigue a otro lugar de la casa. Lacacho sabe fingir muy bien o realmente no se asombra, pues se mantiene en silencio, con absoluta naturalidad. «¿Cómo se llama el carajo?», me pregunta el Número 15, mirándolo con desprecio. «Este carajo tiene su nombre, montro», protesta. Intercedo de inmediato y los presento.

Entra una sirvienta con una bandeja de dulces, jugos, galletas. Le meto mano a las galletas, pero de pronto me siento huérfano, porque ninguno de los otros quiso probar la merienda. Una mujer con el pelo cortado a lo macho pasa por el medio de la sala sin saludar y se sienta en un mueble al fondo del pasillo. «¿Cuánta gente vive en esta casa?», le pregunto, sin atreverme a agarrar un vaso de jugo. «Papá y yo solamente».

El anfitrión se pone a rebuscar en una caja con películas. Mis ojos se pierden en un montón infinito de cintas de todos los juegos que existen en el mundo, puestos en desorden dentro de una vitrina en medio de controles, consolas y accesorios de videojuegos.

«¡Chequeen esta vaina!», anuncia el anfitrión, y pone un DVD con imágenes atroces de la guerra de Irak. Se trata de gente volada repentinamente por una bomba, soldados partidos en pedazos, niños con la cara borrada por el golpe sanguinolento de una herida. Lo quita y pone *Sin City*. Nos muestra un video en que aparece su padre entregándole unos mazos de dinero a un hombre, mientras hablan de una ley. «El otro también es diputado», acota el Número 15. Lo cambia por un videoclip de Sean Paul.

«¿Quieren ver mujeres?», pregunta. Sin esperar la respuesta hace aparecer en la pantalla un grupo de mujeres desnudas, sobándose con angurria. Me sorprende que entre ellas no haya ningún hombre. Nunca había visto en pantalla una mujer así, desnuda... o sea, de ese tamaño. Una señora, más vieja que la que trajo la merienda, entra a retirar la bandeja. Se esfuerza por recoger todo sin ver las imágenes de la pantalla. «Esas mujeres trabajan en la fábrica de mi tío», informa el anfitrión, «las filmaron en esta misma sala».

Alcanzo el celaje de un hombrecillo rechoncho que se detiene en el salón de al lado, se desabotona la camisa y se tira a dormitar en un sofá. «Podemos grabar con cámaras o micrófonos a quien queramos», comenta. Se arrastra hasta el sofá donde estoy sentado y apoya un codo en mis muslos. «Si quieres, le ponemos una cámara a tus viejos, y así les sacas lo que quieras», dice convidándome. «Mi tío dice que todo el mundo tiene algo que esconder y que para eso están las cámaras y los micrófonos». Le repito que no me interesa. Me reacomodo en el sofá para apartar su codo de mi muslo. Desvío los ojos hacia la pantalla. Me asaltan las náuseas.

El anfitrión regresa a la caja de películas. Lacacho observa la pantalla sin ninguna expresión en el rostro. «Ya no escarbes más en esa caja», se escucha la voz de un adulto. «Si tu tío se entera, le va a echar un pleito a tu papá». «¿Quién se lo va a decir?», desafía el Número 15, mirando a su izquierda. «Deja de escarbar en esa caja», reitera el adulto, con un suave tono de amenaza. La voz es de un hombre que está sentado en un sofá de tal manera que un librero tapa todo su cuerpo, por lo que solo se le ven las piernas, muy largas, metidas en un pantalón negro. «Mejor dile a tu amigo la niñada esa que se te ha ocurrido hacer —propone—, falta poco para las seis».

El Número 15 cierra la caja. Se desplaza hasta el centro de la alfombra. Hace un recuento del Reguetonazo. Cuenta la historia como si él hubiera sido el protagonista que usó un muñeco de cuerda. Las piernas del adulto se cruzan. El anfitrión termina su versión de la historia y empieza a comentar «nuestro» próximo plan, que simple y llanamente consiste en tirotear la fachada del colegio. «¡Qué muchacho este!», deplora la voz, mientras zarandea una de las piernas, «perdiendo el tiempo, buscándose un problema por una niñada». «Tú quedaste de prestarme una pistola», le recuerda al adulto. «¡Qué muchacho este!», reitera con indulgencia la voz.

El anfitrión sigue armando «nuestro» plan. Las imágenes de la pantalla cada vez me caen peor. Las mujeres tienen ahora el pelo y el maquillaje desarreglados. Le pido que ponga otra vaina en la pantalla, pero no me presta atención. Está empecinado en el jodido plan. Tras retomar los elementos, establece que yo seré el gatillero. Él se encargará de suministrarme un carro con chofer y la pistola.

«¿Qué opinas?», me aborda seriamente. Las piernas del adulto quedan inmóviles, como a la expectativa. «Que no», le respondo. Me pregunta otra vez y otra vez. Mi decisión es la misma. Las piernas recuperan su balanceo. El Número 15 se pone a tirar maldiciones. Grita unas malapalabras que hacen eco por toda la casa. Pero no logrará que cambie de opinión. Me parece un plan estúpido. «¿Por qué no agarras la maldita pistola y lo haces tú mismo?», le digo. Me observa con el desprecio de costumbre. Me doy cuenta de que es su manera habitual de observar a la gente.

«¿Cuál es el biberón? ¿Hacer unos malditos tiros con una pistola?», interviene Lacacho. En sus ojos hay un odio profundo. «¿Tú te atreves a hacerlo?», le reta el anfitrión. Las piernas del adulto detienen el balanceo. «Le vacío el peine de la pistola a quien sea», afirma con determinación. Las piernas se descruzan y se apoyan con firmeza en el piso. «¿Y qué más te atreverías a hacer?», inquiere la voz del adulto. «Explotar las ventanas del colegio...». «Olvídate de esa niñada del colegio... ¿Qué te atreverías a hacer? ¿Participarías en un asalto? ¿Le darías un par de tiros a alguien?». Lacacho aprueba con decisión. «¿Te gusta el dinero?», pregunta ahora con un tono tentador. «¡Más que el diablo!», le tira mi amigo. «¡Qué muchacho este!», reitera la voz con indulgencia.

19. Yo soy amo de mi vida y dueño de mi propia mente. Vagos & Maleantes

La Pelúa, al referirse al mal genio mañanero de su madre, suele decir que la singaron sin hacerla venir. A la psi/cóloga sin duda le pasó eso anoche, a juzgar por el humor de pitbull que tiene esta mañana. Me recibe con una arenga contra «las locuras de la juventud». Dice que a mí me deberían dar choques eléctricos e inyectarme con trementina, para que se me quite ese «reforzamiento malsano del yo». Cuando no le queda una ponzoña más que sacarse conmigo, respira hondo mientras hace dos circulitos con los dedos. Entonces sonríe con una mueca de careta.

Abre una carpeta. «Bla, bla, bla. Tu madre afirma que tus sentimientos tienen la claridad de un Danián», persiste, pasando los ojos sobre sus notas. «Demian», le corrijo. «Aquí dice Danián», se defiende. «Pero es Demian, el personaje de una novela de Hermann Hesse. Seguro usted la ha leído...». Guarda las notas. «No importa», saca los pies al asunto, «tu madre habla maravillas de tu talento literario... Afirma que eres un genio. ¡Ah, sí!, las madres... Las madres siempre creen que sus hijos son superdotados...».

En eso último estoy plenamente de acuerdo. Pero no se lo digo, para no aportar ni un ápice a su satisfacción. Hago todo lo posible por no darle material sobre mí. Me harté de sentirme como un bicho de laboratorio en poder de otro bicho más raro. Incluso últimamente he dejado de responderle en inglés, desde la sesión en que le dije: «*You are so ridiculous sometimes that I can't even believe you're a real person*», y ella sonrió como si respondiera a un cumplido.

Abre una gaveta y me ofrece un caramelo. Lo rechazo con programada cortesía. Me informa que es parte de la terapia, que ese caramelo constituye un puente de doble vía para la confianza. Cojo el maldito dulce, para que no joda, pero lo guardo en el bolsillo. Es barato; además es de miel y los dulces de miel poseen un ligero sabor a mierda.

«A mí también me gusta escribir», retoma mientras paladea un caramelo. «Escribo cosas en una libreta. No sé si son poemas o qué, yo le llamo pensamientos. Me gustaría encontrar un escritor para contarle la historia de mi vida. Estoy segura de que le daría para un gran libro», se ufana. Ah, porque esto tiene la pendeja: a cada asunto relacionado conmigo, le añade un comentario de sí misma, como si al que le estuvieran pagando fuera a mí. «Sí... un escritor profesional», remata, remarcando la última palabra.

Últimamente he decidido sobrevivirla en pasado. Ya no le cuento cosas nuevas. Le transmito situaciones viejas como si fueran actuales. Le falsifico mi estado anímico. El asunto es bufear para no sucumbir ante esta caraja tan tediosa. «Bla, bla, bla... ¿Cuál fue el último libro que leíste?». Le menciono cualquier título de Carlos Cuauhtémoc Sánchez. «¡Tremendo autor!», añade, «sus escritos son muy profundos. Yo los he leído todos. A veces lo utilizo en mis terapias. Soy su fanática número uno».

Me detengo en este punto. Ya descubro por qué la tipa me cae mal. ¿Recuerdan *Misery*, la película basada en el libro de Stephen King? Pues la caraja guarda un parecido con Kathy Bates, la gorda que le rompe las patas al escritor. Esta es más fea que la actriz, pero tiene un corte de pelo semejante y casi la misma gordura; incluso posee esa expresión de cerdo en el rostro. Este descubrimiento me coloca en una posición ventajosa.

La dejo hablar hasta que se le acabe la batería. Le ha cogido ahora con esbozarme los argumentos de los libros de Cuauhtémoc. He empezado a mirarla fijamente, con la misma mirada estúpida que ella suele poner en mí. «¿Y por qué dejaste la lectura de esas obras?», me pregunta exhausta, mientras vuelve a darse unos brochazos en la cara.

«Porque ese escritor es un idiota», le respondo. Frena los brochazos y se me queda mirando incrédula, con la boca abierta, estática. Parece una foto horrenda. Sin dejar que se recupere de la sorpresa, opino que el tipo es un comerciante de la conciencia, un escritor pésimo, una copia fallida de Richard Bach, un Paulo Coelho frustrado; para rematar, digo que se debe tener un espíritu insulso para hallar consuelo en sus libros.

«Bla, bla, bla... No tienes absolutamente ninguna razón, pero no vamos a discutir ese tema», corta en seco tras recuperar el movimiento. «La pregunta es: ¿por qué has abandonado los libros?». No le respondo de una vez. Tengo mis dudas de si vale la pena decir a esta batata lo que pienso. Okey, vamos a darle: «Porque prefiero vivir la vida, no leerla», digo. Guarda con cuidado el estuche de maquillaje. Le saca otra vez los ojos a la víbora y se los coloca en las cuencas. «¿Y eso incluye también los libros del colegio?», me pregunta con veneno. Me claveteo una plancha de acero en la boca. Ni con una palanca lograría sacarme una palabra. «Sal un momento, por favor... Y dile a tu mamá que pase. Necesito hablar con ella en privado. Dile que toque la puerta antes de entrar...».

Es la hora de la cena. Mamá ha llamado a papá al aposento antes de sentarnos a la mesa. Me desplazo con sigilo hasta la puerta, instalo mi oído contra la madera y procedo a captar los sonidos que provienen del interior del aposento. Mamá se está refiriendo a su conversación con la psi/cóloga.

Basado en sus palabras, puedo imaginar sin dificultad aquella escena. Sobre todo porque me había tirado completita su conversación pegado a la puerta del consultorio. La batata, tras ponerse rápidamente una careta de maquillaje, le dijo que podía pasar. Lo primero que hizo fue mirar el rostro de mamá, hermoso y sin una gota de pintura, sin ningún esfuerzo más linda que ella. Le mordió la envidia. «Bla, bla, bla», empezó a darle a la lengua, tratando mi caso y, cada dos o tres comentarios, le preguntaba si ella usaba alguna crema en específico para tener ese cutis tan limpio, o qué champú le podía recomendar para esas horquetillas que le estaban arruinando el pelo, bla, bla, bla.

Mamá, haciendo lo posible por no perder la paciencia, trataba de hacerla aterrizar en mi caso. Luego de mucho bla, bla, bla, la batata le informó que no seguiría con la terapia, porque yo debía pasar a otras manos profesionales. «Claro, si yo fuera otra continuaría con las sesiones para ganarme el dinero. Pero yo soy una profesional muy capacitada para eso. Otros se aprovecharían. En este mundo no hay otra más digna que yo... Las podrá haber con mejor pelo, con un cutis más rozagante, pero más honrada, no».

Mamá, con un calculado tono de sumisión, le preguntó por qué abandonaba mi caso. «Las razones son dos», le contestó. La primera era que yo debía ser puesto en manos de un psiquiatra que tratara con métodos clínicos mi caso: yo debía ser inyectado, medicado con pastillas, quizás recibir algunos choques eléctricos. «Yo podría hacerlo, soy muy preparada, pero lo correcto es que lo haga un psiquiatra... Hay uno muy bueno, que es el único que me atrevo a recomendar».

«¡¿Qué?! ¿Y tuvo la cachaza de recomendar a ese psiquiatra?», pregunta alarmado papá, casi ahogado por las palabras. Lo describe como a un matasanos alcohólico, con fama de pendenciero, que le da una salsa de golpes a su esposa por lo menos una vez a la semana; para completar, gente bien informada decía que no era ningún doctor, sino que había comprado el título. «Se terminó el bregar con la mente del muchacho», sentencia papá, y estas palabras son válidas para acabar nuestro novelón con los psicólogos.

«Esa psicóloga es una pérdida de tiempo. Mejor debería aprender a combinar el maquillaje y buscarse un marido que le dure. Estoy de acuerdo contigo. Pero la Directora condicionó, para permitirle seguir en el colegio, que el niño fuera tratado por especialistas de la conducta». «¡Se acabó esa pendejada de psicólogos, he dicho!», reitera el viejo. «¿Y si ella se niega a recibirlo en el colegio?». «Entonces se queda ella sin colegio —revela papá—. Mi tío me confirmó que lleva tres meses sin pagar la hipoteca». Y con esas palabras perdió para siempre la psicología a uno de sus clientes. Ciertamente, habría que oír con mayor respeto a Homero Simpson: «¿Qué necesitamos de un psiquiatra? ¡Ya sabemos que nuestros hijos están locos!».

Me aparto de la puerta, porque han hecho un silencio y ahora empiezan a oírse las risitas de mamá. Además, mi hermana va camino a su cuarto y podría descubrir mi acción detectivesca. Ahora hay que esperar que a mamá se le muera la risa en el interior del aposento. El asunto va para largo. Y yo cargo tanta hambre que me comería una de mis piernas, asada, doradita, la devoraría con un cubierto. Me desabollaría el estómago con cualquier cosa que baje por el tubo de la garganta.

Está claro que el dinero es amo y señor del mundo. Hay que hacer billete para meterse la vida en un bolsillo. Lo predica Vakeró: «♩ Yo 'toy puesto pa' los cuartos. ¡A la olla san Alejo! A mí háblame de dinero…». Estoy feliz por la derrota de la Directora, de la batata. Y eso que mamá no le contó la parte más ridícula de su conversación con la psi/cóloga. Algo que más que risa puede inducir a las náuseas.

«Existen además —prosiguió la caresemilla— motivos profesionales que me impiden continuarle la terapia al niño. Esto, claro está, aparte que debe seguir un tratamiento psiquiátrico». «¿Qué motivos son esos?», preguntó sin entusiasmo mi madre. Hubo una pausa salpicada por golpecitos semejantes a las puntas de unos dedos tecleando sobre un escritorio. «Yo lo llamaría… conflicto de intereses», continuó la psi/cóloga, «verá… el niño suyo me idolatra… literalmente». «¿Cómo así?», se extrañó mamá. «Él escribe… Entonces ve en mí algo así como su musa... Incluso a menudo me observa y me dice frases en inglés… Yo finjo que no entiendo, pero recibí siete materias de Inglés en la universidad… Todas son frases de amor para cortejarme». (¡Guácala! Casi me voy en vómito.)

«Tras utilizar instrumentos de medición muy profundos, se pudo saber que la imagen que tiene de mí es la de una sirena…». «¿Una sirena?», tragó en seco mi vieja.

«Yo soy su encarnación de la belleza. Su aspiración adulta. Incluso me simboliza en un afiche de Paulina Rubio que tiene pegado en su cuarto». Enseguida una silla se desplazó un poco. «Pues agradezco sus servicios. A propósito, a La Sirena acaba de llegar una nueva línea de maquillaje que a lo mejor le podría probar», recomendó mamá, y se despidió. Cuando salíamos por el pasillo, murmuró una frase. «¿Qué?», pregunté. «No he dicho nada», evadió. Sí, dijo algo, yo la oí. Dijo: «El manicomio no está completo».

Outro. El que me siente sabe que soy real. TEMPO

Un carro pasa veloz, dejando sus huellas de fuego en el asfalto. Es un relámpago, a juzgar por su color azul y su celaje. Jaguar, todo una bestia en forma de metal, devorando la calle con las fauces redondas del cuentakilómetros. Escuchamos un fuerte estruendo. Corremos calle abajo, sumándonos a la avalancha de curiosos. De lejos se ve una nube de polvo. Al llegar nos encontramos con el Jaguar destrozado. Los testigos afirman que perdió el control y se estrelló a toda velocidad contra el muro. Ayudan a salir al chofer de la pelota de metal machacada. Milagrosamente no se mató. Solo quedó con algunos rasguños.

Nos olvidamos enseguida del milagro del chofer y retornamos al asombro de la máquina destruida. ¡Tanta belleza hecha mierda en un segundo! No queda nada que sirva, ni siquiera las ruedas. Los ladrones del barrio echaron un vistazo a ver qué se podía sacar, lo tasaron y se quedaron con la conclusión de que ni siquiera el jaguarcito del bonete. El chofer, envuelto en un tufo a ron barato, no quiere que llamen a la ambulancia ni a la grúa. Se ha sentado en una piedra, con los nervios apuñaleados, a contemplar la belleza que ha destruido. «La vida no trae mucho. Bébetela poco a poco», saca la lengua el grafiti del paredón contra el que la máquina se hizo papilla.

Me he pasado el día con un alivio que desde hace tiempo no sentía. Esta mañana, como a eso de las diez, venía cabizbajo, empujando el ánimo con los pies. Pasé por la esquina donde el predicador azuzaba desde el megáfono sin batería. El hombre voceaba lo de siempre, Biblia en mano. Sin embargo, de pronto me pareció escucharle decir que todos tenemos por lo menos una culpa, que quien más se la da de santo tiene la culpa del pecado original. Me detuve en seco.

«¿Y no hay en el mundo nadie que viva sin culpa?», le pregunté. Se volteó hacia mí como si le hubiese retado. «¡Nadie!», gritó con absoluta seguridad. «Nacemos con la culpa del pecado original... Y al vivir en esta tierra gobernada por Satanás, el diablo, siempre acumularemos otras culpas. ¡El que quiere estar vivo, debe aprender a vivir con sus culpas!», y continuó con un discurso descarnado.

Yo sonreí. Sus palabras no me dieron felicidad, pero sí alivio. Tuve deseos de abrazarlo y ayudarlo a vocear por el megáfono; pero me di cuenta que tampoco era para tanto. En ese preciso instante abrí un espacio en mí para encajar las culpas de manera que ninguna anduviera por ahí suelta, desequilibrando la maquinaria del vivir.

El lunes empiezan los exámenes del colegio; estaré muy ocupado preparando las materias. Al Menor su madre le llamó esta mañana para avisarle que vendría por él la semana entrante. El papá de Chupi-Chupi se lo va a llevar por un mes a la capital, donde lo han contratado para montar un estudio de grabación clandestino. O sea que el grupo quedará medio desarticulado por un tiempo. Sumemos a esto que en menos de un mes mi familia se mudará a una casa grande que mis viejos mandaron a construir.

Cerca del mediodía estuvimos en casa del Menor. Fuimos a celebrar su viaje. A MacGylver se le ocurrió la idea de que anotáramos en una hoja el número de calzado de cada quien, para que nos mande unos buenos tenis desde Suiza. Yo anoté el mío, por si acaso, aunque no me imagino al Menor entre las montañas nevadas preguntando en su mal español dónde queda una zapatería. Su abuela se veía muy triste. Aseguraba que no podría vivir sola, sin el nieto de su alma, que su vida terminaría desde que a él se lo llevaran; pero al explicarle que de todos modos la remesa seguiría llegando, dio muestras de sentirse consolada.

El Licenciado tronó los dedos, porque le llegó a la mente una información. Alguien le había dicho que Los Güelecemento se estaban quedando en las ruinas de un hotelucho localizado en las afueras del barrio. Fuimos allí, pero la información era falsa. O al menos ya se habían esfumado. Solo encontramos una funda vacía de Frito Lay y envases de crack sin crack. Me alegré, porque no tenía ánimo de involucrarme en una pelea que me hiciera sentir protagonista de una película de zombis.

Estamos en la esquina. El sábado luce mustio, vencido, vestido de seis de la tarde. Ya nos cansamos de repetir el casete del accidente. Desde hace rato hablamos de otros temas. Lacacho está apoyado en el poste, con la mirada perdida en alguna cosa lejana y odiosa que no logra encontrar. El sol empieza a cuajarse, a perder brillo, mientras lanza sus últimos lengüetazos de luz sobre los techos.

Lacacho da unos pasos hacia el centro del grupo. Guardamos silencio, pues sabemos que va a decir algo. «¿Ustedes se acuerdan cuando les dije que habría venganza por los rebencazos que les han dado en sus casas?». Reforzamos la atención. «Ya resolví lo que se va a hacer...

Está noche arderá Troya», revela, y hace una indicación a Pádrax en Polvo para que vayamos a su casa.

Hemos retornado a la esquina, cada uno con un envase de plástico en la mano. Todavía no se nos dice de qué se trata el asunto. «Huelan el pote», ordena. Quitamos las tapas y nos damos cuenta de que es gasolina. «Cada uno le va a pegar fuego a su casa esta noche», indicó. «Guardaremos los potes otra vez donde Pádrax, y a eso de la una de la mañana nos reuniremos en un punto para la operación».

Ninguno dice nada. Tienen la cabeza baja. «El Licenciado le prenderá el fósforo a la suya primero». «¿Yo?», protesta alarmado, «que empiece el Chupi o MacGylver». Lacacho los deja discutir entre ellos. «Muy bien, partida de blanditos», interviene, «MC Yo empezará por la suya, y se acabó la discusión».

Yo asiento moviendo la cabeza, como en el aire. Pero parece que este movimiento me pone a funcionar el cerebro. «¡Párate ahí!», digo, «¿y tú te estás volviendo loco?». Lacacho me mira con dureza. «¡Yo no voy a quemar nada!». Los muchachos bajan el rostro, aunque sé que han levantado las orejas.

«¡Pues la vas a quemar!», dice inflando el pecho. «¿Quién me va a obligar? ¿Tú?», inquiero dando un paso adelante. Nos miramos con los ojos como piedras en medio del atardecer que se dispone a borrar las calles y las casas. Lacacho levanta en cámara lenta el puño derecho y, sin orientarlo contra mí, lo deja bien colocado en el aire, de manera que se pueda leer el tatuaje «*HATE*». «¿No te sabes otra palabrita en inglés?», le critico. Lacacho vacila. Me doy cuenta porque no logra mantener la mirada. Baja el puño y se desplaza a un lado. «Muy bien... Yo me encargo de pegarle candela», amenaza, «se empieza por la tuya».

Al apreciar la forma desenfadada con que dice estas palabras, siento un coraje que me sube y me baja. Floto en el aire. «Ve a quemarla, maldito palomo», lo reto, «te voy a estar esperando, y si te acercas a menos de una esquina de mi casa, te voy a explotar la cabeza con la Glock de papá. ¡Ve, que te voy a quemar las patas!», amenazo con verdadera rabia, y remacho: «Porque la pistola de papá sí es de verdad, no como la tuya, que es puro cuento». Lacacho se queda callado. Ha renunciado a devolverme la mirada. «Estos palomitos que se lleven de ti si quieren, pero no cuentes conmigo para ese disparate», añado con una furia que me serviría para tragarme al diablo de un bocado. «Y métete tu pote por el culo», termino, tirando al suelo el envase. Por supuesto, papá no tiene ninguna pistola, pero Lacacho no lo sabe y su ignorancia será suficiente para mantenerlo lejos de mi casa.

«¡Tú estás fuera de los Fox Billy Games!», decreta señalándome con el dedo. Tengo ganas de decirle que los Fox Billy Games son nada, una lírica muerta que nunca se levantará más alto del suelo. Pero solo me brota una carcajada. Sin duda que mi risa transmite con fidelidad mis sentimientos, porque ha producido un efecto de desconcierto en su rostro. Me retiro hacia mi casa sin desprenderme esta carcajada. No me ocupo de voltear el rostro para prevenir algún ataque tardío. He descubierto que Lacacho es un cobarde.

Los días, que siempre pasan, esta vez no han sido la excepción. A cada segundo puedo chequear con alivio que la vida sigue allí sin abandonar su sitio. El barrio continúa con la normalidad habitual. No he visto a los muchachos, sobre todo porque los exámenes me absorben. Tampoco me interesa volver a su grupo. Me he quemado los alambres del cerebro para concluir que no necesito que ningún imbécil se tome la potestad de dirigir mis actos. En todo caso soy yo quien decido a quién dar esa potestad. Nadie vive por mí, nadie muere en mi lugar. Para vencer no necesito que otros hagan la carrera que me corresponde. Yo apuesto a mí.

Para Pedrito y Sebastián.

Musicografía

Yo tampoco sé de dónde son los cantantes, pero sí de dónde vienen las citas de las canciones digitadas en este libro. Las presento aquí, con mucho corazón y por respeto a esos artistas de la calle que tanto admiro. Búsquenlas, adquiéranlas, escúchenlas. Tienen mucho para ustedes...

Doctor P.

Página 15. 50 Cent: «♫ *You can find me in the club, bottle full of bub. Look, mami, I got the X if you into taking drugs...*». Canción "In da Club", del álbum *Get Rich Or Die Tryin'*, 2003.

Página 22. Tempo feat. Mexicano 777: «♫ Tengo un problema en mi mente criminal, acabo de salir y me la quiero yo buscar...». Canción "¿Quién quiere guerra?", del álbum *Platinum Edition*, 2006.

Página 23. Tempo: «♫ He sido así toda mi vida: yo contra todos». Canción "Conozcan otra parte de mí", del álbum *Buddha's Family*, 2001.

Página 24. Eminem: «♫ *I'm sorry, mama, I never meant to hurt you, I never meant to make you cry, but tonight I'm cleaning out my closet*». Canción *"Cleanin' Out My Closet"*, del álbum *The Eminem Show*, 2002.

Página 24. Maestro Feat. Curly Valentino: «♫ Así es la vida de un artista en la conquista, la hipocresía la

percibes hasta de muy lejanas pistas». «♫ Varios pendejos que hablan de frente a mis espaldas y de frente me
maman el güebo». Canción "Usando astucia", del álbum
The Movie 2001, 2001.

    Página 24. Toxic Crow: «♫ Yo te saqué del sis-
tema, con el *mic* soy un problema y en el rap hay que
mamarme lo que aquí le llaman ñema». Canción "Ul-
timátum", del álbum *Tituaa (The Mixtape),* 2008.

    Página 28. Lápiz Conciente (en la Charles Family):
«♫ En la calle no hay dueño, los niños están en loquera.
Van a la escuela con los tabacos en la lonchera. Tengo un
pana mío que lo hace con cualquiera. Tiene amolá su planchuela de nevera. Muerto por «chilena», una cotidiana escena. Problema desayunan, problema dan de cena». Canción "Calle es calle", del álbum *Redada Remix,* 2004.

    Página 33. Eddie Dee: «♫ Algunos se creen que
porque yo canto tengo que andar por ahí como un santo». Canción "Sácame el guante", del álbum *Eddie Dee: 12
Discípulos (Special Edition),* 2005.

    Páginas 35 & 36. Sean Paul: «♫ *Well, if a no today
girl, then a must be tomorrow. When you fulfill my fantasy,
because you know I give you lovin' straight like an arrow.
When you gonna give it up to me».* «♫ *Hey, pretty girl, see
me love, if see you walk... You* no habla inglés, *but just listen me when me a talk».* Canción *"Give It Up To Me",* del
album *The Trinity,* 2005.

    Página 39. Arcángel: «♫ Yo no puedo permitir que
venga un loco y me vacíe un cartucho. Naah, yo soy la esperanza de muchos. Tengo amistades que se alegran cuando voy hacia delante, y aunque la calle esté mala trataré de
ser cantante». Canción "En el callejón", del álbum *DJ Sin-
Cero – Arcángel: The New King,* 2007.

Página 40. El General: «♫ Una libra de cadera no es cadera. Dos libras de cadera no es cadera. Tres libras de cadera no es cadera...». Canción "Te ves buena", del álbum *Muévelo con El General*, 1991.

Página 43. Tiziano Ferro: «♫ Duele mucho dedicarte mi rencor». Canción "Desde mañana no lo sé", del álbum *Desde mañana no lo sé*, 2005.

Página 43. Vakeró: «♫ Yo estoy desde carajito haciendo el show, bebiendo, peleando, borracho, metido en to. Canción "Se partió el lápiz", 2008.

Página 44. Héctor El Father: «♫ Aquí no hay miedo: lo dejamo en la gaveta». Canción *"Lean Back"*. Remix ft. Fat Joe, Tego Calderón, Héctor El Father, Tempo, Polaco & Notty.

Página 53. Candyman: «♫ ¡Muerde suave, piensa bien, razona!» Álbum *Cubatón. Reggaetón a lo cubano*, 2006.

Página 53. Residente Calle 13: «♫ Te voy a echar agua caliente por tu vientre, y con mi lengua limpiarte los dientes, pa' que rompas fuente y botes detergente por abajo, por el Occidente». Canción "Eléctrico", del álbum *Calle 13*, 2005.

Página 53. El Poeta Callejero: «♫ No podemos hacer el amor, porque el amor nació hecho». Canción "Siente", del álbum *DH Mixtape*, 2007.

Página 54. Tego Calderón: «♫ A veces vale la pena el hablar lo indispensable». Canción "Los difuntos", del álbum *El Abayarde*, 2003.

Páginas 60 & 61. Guanábanas: «♫ Pa'l carajo la mente sana, yo lo que quiero es mariguana...» Canción "Mente Sana [*Live*]", del álbum *Collection Two*, 2004.

Página 67. Ñejo y Dálmata feat. Arcángel: «♫ Dile

no a las drogas, pero si te piensas fumar algo, papa, me guardas si te sobra». Canción "Algo musical", del álbum *Broke and Famous*, 2007.

Página 87. Marilyn Manson: «♫ *I wanna use you and abuse you. I wanna know what's inside you*». Canción "*Sweet Dreams*", del álbum *Smells Like Children*, 1995.

Página 88. Residente Calle 13 : «♫ Yo presiento que hay una *fucking* bomba de tiempo en mi asiento... ¿me siento o no me siento?» Canción "Tengo hambre", del álbum *Calle 13*, 2005.

Página 88. Eddie Dee: «♫ Se creen que ganan mucho al aconsejarnos, sin saber que ganarían mucho más al escucharnos». Canción "Sácame el guante", del álbum *Eddie Dee: 12 Discípulos (Special Edition)*, 2005.

Página 100. Tempo: «♫ Conozcan otra parte de mí, otra forma de vivir, este es mi estilo de vida, digan lo que digan, tú eres un infeliz. ¿Crees que puedes contra mí? ¡Oye, cabrón, *you can suck my dick*!» «♫ Voy a comprar condones y voy a clavarme a Lito en cuatro. Mientras me clavo a Lito le doy dedo por el culo a Polaco, que a gritos me pide que le siga dando a quemarropa, que cuando vaya a venirme me le venga en la boca. *Suck it*!». Canción "Conozcan otra parte de mí", del álbum *Buddha's Family*, 2001.

Página 101. Mexicano 777: «♫ ¿Quién le da a comer espinas a su hijo esperando que se ahogue con el pan que se ha comido? ¿Quién le da hielos a su hijo pa' que masque, esperando la aguadita para darle jaque mate?». Canción "Carlitos R.I.P.", del álbum *God's Assassins*, 2001.

Página 103. 3 Dueños: «♫ Cuando la fonética se pone explícita y luego la gramática se vuelve ilícita». Canción "Te quiero", del álbum *Grandes Léxicos*, 2005.

Páginas 107 & 108. Héctor & Tito: «♫ Mando una carta al gobierno central: no tiren piedras si su techo es de cristal...» «♫ Legisladores, violadores, dónde está el ejemplo, si están robando hasta en su mismo templo». Canción "Después que cae la lluvia", del álbum *A la reconquista*, 2002.

Páginas 111 & 112. Mexicano 777: «♫ Mis hijos están creciendo en un ambiente enfermo, enfermo, enfermo. Veo a mi gente cayendo, veo, yo veo a los niños sufriendo del mundo los ángeles de Dios». Canción "Carlitos R.I.P.", del álbum *God's Assassins*, 2001.

Página 117. MCD La Etiketa Negra: «♫ Estas jevas son pinchafunda y no más na». Canción "Pinchafunda", del álbum *Pura sangre*, 2002.

Página 118. MC Joha & DJ Kontakt: «♫ A los hombres nos gustan las muchachas conformistas, muchachas de talento para concursos de belleza, muchachas con cierto problema de inteligencia, muchachas que pueden amaestrarse como bestias». Canción "Rebollo", 2003.

Página 120 & 121. Baby Rasta y Gringo: «♫ Llévame contigo y sedúceme. Mami, yo soy tuyo, sé mi mujer. Hoy lo que tú quieras te lo daré. Y que me lleve el diablo si el precio es estar a tus pies». Canción "Tú te entregas a mí", del álbum *La Mision 4: The Take Over*, 2004.

Página 125. Jo-a (en la Charles Family): «♫ Yo necesito un mundo pa' mí solo». Canción "El Súper MC", del álbum *7 Golpes*, 2006.

Página 132. Eddie Dee: «♫ Distinto día, la misma mierda». Canción "Sácame el guante", del álbum *Eddie Dee: 12 Discípulos (Special Edition)*, 2005.

Página 154. Omega: «♫ ¿Es que a ti te hiede la

vida?». Canción "El motoconcho", del álbum *Omega y su mambo violento*, 2006.

Página 166. Trío Matamoros: «♫ La mujer de Antonio camina así...» Canción "La mujer de Antonio", del álbum *Trío Matamoros: Todos sus éxitos*, 2005.

Página 186. Vakeró: «♫ Yo 'toy puesto pa' los cuartos. ¡A la olla san Alejo! A mí háblame de dinero...» Canción "Háblame de dinero", 2008.

Alfaguara es un sello editorial del Grupo Santillana
www.alfaguara.com

Argentina
Avda. Leandro N. Alem, 720
C 1001 AAP Buenos Aires
Tel. (54 114) 119 50 00
Fax (54 114) 912 74 40

Bolivia
Avda. Arce, 2333
La Paz
Tel. (591 2) 44 11 22
Fax (591 2) 44 22 08

Chile
Dr. Aníbal Ariztía, 1444
Providencia
Santiago de Chile
Tel. (56 2) 384 30 00
Fax (56 2) 384 30 60

Colombia
Calle 80, 9-69
Bogotá
Tel. (57 1) 639 60 00

Costa Rica
La Uruca
Del edificio de Aviación Civil 200 m al oeste
San José de Costa Rica
Tel. (506) 220 42 42 y 220 47 70
Fax (506) 220 13 20

Ecuador
Avda. Eloy Alfaro, 33-3470 y Avda. 6
de Diciembre
Quito
Tel. (593 2) 244 66 56 y 244 21 54
Fax (593 2) 244 87 91

El Salvador
Siemens, 51
Zona Industrial Santa Elena
Antiguo Cuscatlan - La Libertad
Tel. (503) 2 505 89 y 2 289 89 20
Fax (503) 2 278 60 66

España
Torrelaguna, 60
28043 Madrid
Tel. (34 91) 744 90 60
Fax (34 91) 744 92 24

Estados Unidos
2105 N.W. 86th Avenue
Doral, FL 33122
Tel. (305) 591 95 22 y 591 22 32
Fax (305) 591 91 45

Guatemala
7ª Avda. 11-11, Zona 9
Guatemala C.A.
Tel. (502) 24 29 43 00
Fax (502) 24 29 43 43

Honduras
Colonia Tepeyac contigua a Banco Cuscatlan
Boulevard Juan Pablo, frente al Templo
Adventista 7ª Día, Casa 1626
Tegucigalpa
Tel. (504) 239 98 84

México
Avda. Universidad, 767
Colonia del Valle
03100 México D.F.
Tel. (52 5) 554 20 75 30
Fax (52 5) 556 01 10 67

Panamá
Avda. Juan Pablo II, nº15. Apartado Postal
863199, zona 7, Urbanización Industrial
La Locería - Ciudad de Panamá
Tel. (507) 260 09 45

Paraguay
Avda. Venezuela, 276,
entre Mariscal López y España
Asunción
Tel./fax (595 21) 213 294 y 214 983

Perú
Avda. Primavera 2160
Surco
Lima 33
Tel. (51 1) 313 40 00
Fax (51 1) 313 40 01

Puerto Rico
Avda. Roosevelt, 1506
Guaynabo 00968
Puerto Rico
Tel. (1 787) 781 98 00
Fax (1 787) 782 61 49

República Dominicana
Juan Sánchez Ramírez, 9
Gazcue
Santo Domingo, R.D.
Tel. (809) 682 13 82 y 221 08 70
Fax (809) 689 10 22

Uruguay
Constitución, 1889
11800 Montevideo
Tel. (598 2) 402 73 42 y 402 72 71
Fax (598 2) 401 51 86

Venezuela
Avda. Rómulo Gallegos
Edificio Zulia, 1º - Sector Monte Cristo
Boleita Norte
Caracas
Tel. (58 212) 235 30 33
Fax (58 212) 239 10 51

Esta primera edición de *Palomos* se terminó de imprimir en Editora Búho, C. por A., calle Elvira de Mendoza No. 156, Zona Universitaria, Santo Domingo, República Dominicana, en el mes de noviembre de 2009. Corrección y cuidado de la edición: Miriam Veliz y Ruth Herrera.